음악치료에서의 진단평가

• 김경숙 저 •

학지사

이 책은 성신여자대학교의 지원에 의해 연구된 내용입니다.

머리말

십 년이면 강산도 변한다는데 음악치료를 시작한 지 벌써 십 년의 세월이 지나가 버렸다. 처음 음악치료를 시작할 때는 속된 말로 '맨땅에 헤딩' 하는 심정이었는데 그 하루하루가 쌓여 강산도 변하고 우리나라 사회 속에서의 음악치료 위상도 변화되었음을 실감한다. 물론 아직도 음악치료를 녹음된 특정 음악을 듣는 것으로만 알고 있는 사람들이 많아서 특정 곡을 선곡해 주길 기대하는 경우도 있지만, 초창기 때 음악치료는 '음악 감상뿐만이 아니라 다양한 음악과 음악활동을 체계적으로 적용해서 마음과 신체가 아픈 사람을 도와주고 지원해 주는 새로운 전문 영역' 이라고 만나는 사람에게 일일이 설명해야 했던 시절을 생각하면 지금의 음악치료에 대한 오해는 애교로 넘어가 줄 만하다.

병원이나 복지관 등의 음악치료 임상 현장에 나가 보면 음악치료에 대한 다른 전문가들의 인식이나 요구가 많이 증가되었음을 실감할 수 있다. 특히, 최근에 대체보완치료에 대한 관심이 높아지면서 음악치료에 대한 전문적 수요와 관심의 증가는 우리 음악치료사들에게 무척 반가운 일이 아닐 수 없다. 보다 많은 임상 현장에서 보다 많은 대상자들에게 음악을 통해 그들의 문제를 극복할 수 있도록 도와주고 그들의 삶의 질을 향상시킬 수 있도록 지원해 주는 일이 곧 음악치료사의 사명이고 보람이기 때문이다. 그러나 이 시점에서 우리가 생각해야 할 문제는 과연 이러한 사회적 요구에 부응할 수 있도록 꾸준히 우리의 자질을 준비해 놓았는가 하는 점이다.

음악치료가 음악치료답기 위해서 꼭 갖추어야 할 여러 요소가 있는데, 어떤 형태로든 음악이 있어야 하고, 전문적 교육과 임상 경험을 갖춘 음악치료사가 있어야 하며, 치료를 시행할 대상이 있어야 한다. 그리고 이러한 요소는 체계적인 치료 과정이 계획되고 적용되는 중요한 기준이 되어 대상자에게 적절하고 정확한 치료를 시행할 수 있도록 한다. 그 체계적 과정의 시발점이 바로 진단평가 과정이다. 음악치료에서의 진단평가는 질병에 대한 진단을 내리거나 대상자의 수행 정도를 평가하는 것이 아니라 다양한 측면에서 대상자에 대한 여러 정보를 수집하고 기능의 정도를 파악하여 그의 강점과 약점 그리고 치료를 통해 가장 우선적으로 보완되고 지원되어야 할 부분을 결정하는 과정이다. 그렇기 때문에 이 진단평가 과정이 정확하고 신뢰할 수 있어야만 치료에 대한 높은 신뢰도를 기대할 수 있게 된다.

진단평가의 역할이나 중요성에 대해서는 의심할 여지가 없이 공감하면서도 실제 현장에서 제대로 이루어지지 않고 있는 경우가 많은데 이는 음악치료사들이 효율적으로 사용할 수 있는 평가 도구의 부족에도 기인하지만 진단평가에 대한 정확한 개념이나 역할 등에 대한 이해와 정보의 부족도 한몫을 하고 있다. 이는 앞에서도 언급한 십 년의 시간 동안 우리가 이 영역에 대해 소홀하였던 결과이기 때문에 음악치료사의 전문적 자질을 높이기 위해서도 진단평가에 대한 교육과 훈련이 필요하다. 그러므로 이 책에서는 진단평가에 대해 음악치료사들이 좀 더 확실한 정보를 얻고 이해를 도울 수 있도록 하였다.

이 책은 총 9장으로 구성되어 있는데, 1장에서는 여러 선행 연구자들에 의해 규명된 음악치료 진단평가의 정의에 대해 소개하였으며, 2장에서는 진단평가의 목적에 대해 기술하였다. 3장에서는 왜 진단평가가 반드시 시행되어야 하는가에 대한 이유에 대해, 4장에서는 음악치료 현장뿐만 아니라 일반적으로 많이 적용되는 진단평가의 유형들에 대해 설명하였다. 5장에서는 진단평가를 시행하는 음악치료사나 임상 현장의 특성, 대상자 등에 영향을 받는 진단평가 접근법에 대해 분류하여 설명하였고, 6장은 진단평가 도구를 통해 얻을 수 있는 정보의 영역들에 대해, 7장에서는 정보 수집 방법 등에 대해 소개하였다. 8장에서는 음악치료 분야의 선행연구들을 통해 어떤 대상을 위한 어떤 진단평가 도구들이 개발되었는지를 살펴보았으며, 마지막 9장에서는 어떤 진단평가 도구를 선택해서 적용하는 것이 바람직한지 결정할 수 있는 근거들을 제시하였다.

각 장에서 다루고 있는 내용들은 음악치료사가 기본적으로 알아야 할 정도의 수준으로 기술하였기 때문에 적절한 교육을 받은 음악치료사라면 누구나 이해할 수 있을 것이다. 최근에 임상 현장에서 저자가 느끼는 점은 음악치료 진단평가가 단순히 치료의 목적 설정과 계획을 위해서만이 아니라 다른 치료에서 혹은 다른 도구로 수집하지 못하는 정보를 제공해 주길 기대하는 전문가들이 증가하고 있다는 것이다. 이는 음악치료사들이 전문가로서 자리 매김하기 위해서 개척해야 할 과제이며 도전이 될 것이다. 음악치료에서의 진단평가에 대해 꾸준한 연구가 시행되고 그에 따라 유용한 평가 도구들이 많이 개발되어 현장에 적용될 수 있도록 노력하는 데 이 책이 도움이 되길 기대해 본다.

2008년 5월

김경숙

차 · 례

Chapter
5 진단평가의 접근법 • 59

Chapter
6 진단평가 영역 • 75

Chapter

제1장

음악치료 진단평가의 정의

1950년 미국에서 전국음악치료협회(National Association for Music Therapy: NAMT)가 창립된 이래 지난 반세기 동안 음악치료는 세계 여러 나라에서 그 가치를 높이며 급속하게 발전되어 왔다. 많은 연구에서 음악이 사람의 행동과 정서에 영향을 미친다는 것이 주장되고 증명되어 왔으며, 음악치료사들은 그러한 과학적 근거의 확산에 힘입어 치료진의 구성원으로서 다른 의료 전문가들과 함께 근무할 수 있는 입지를 다져 왔다. 더불어 최근에 높아지는 음악치료에 대한 관심은 치료 대상자의 필요를 규명하고 치료의 목적을 설정하는 데 도움이 되는 적절한 진단평가(Assessment) 도구의 욕구를 증가시키고 있다.

그러나 진단평가가 음악치료 과정에서 매우 필수적인 요소임에도 불구하고 임상 현장에서 적용할 수 있는 신뢰할 만한 진단평가 도구가 충분하게 개발되지 못한 것이 사실이다. 이러한 형식적 진단평가 도구의 부족으로 치료진들 간의 의사소통 장애가 생기고 음악치료사들로 하여금 신뢰할 수 있는 평가 결과를 제시하지 못하게 했다. 나아가 비형식적 평가 도구의 잦은 사용은 전문가로서의 신뢰나 존중을 받지 못하는 부정적 결과를 초래해 왔다(Isenberg-Grzeda, 1988; Cole, 2002). 그러므로 적절한 진단평가 도구의 사용은 음악치료사의 전문가적 정체성을 확고히 하고 그 지위를 높이는 데 매우 결정적인 요소이다. Wheeler, Shultis, Polen(2005)도 학습이나 심리발달에 관계된 많은 진단평가 도구들이 음악치료사에게 도움이 되기는 하지만, 음악치료 대상자의 필요를 규명할 수 있는 것은 음악치료 진단평가를 통해서만이 가능하다고 주장하였다.

'assessment' 라는 용어는 우리나라에서 일반적으로 '평가' 또는 '사정' 이라는 말로 정의되고 있다. 그럼에도 불구하고 음악치료에서 'Assessment' 를 '진단평가' 라는 용어로 사용하는 이유는 그것이 평가나 사정보다는 더 포괄적인 의미를 함축하고 있기 때문이다. 음악치료에서의 진단평가는 우리가 흔히 이해하고 있는 진단(diagnosis)이나 평가(evaluation)의 뜻과는 조금 다르다. 국립국어원(2006)의 표준국어대사전에는 '진단' 을 '의사가 앓는 사람을 진찰하여 병의 상태를 판단하는 일' 로 정의 내리고 있으며, '평가' 는 '사물의 가치나 수준 따위를 평함, 또는 그 가치나 수준' 으로 그 의미를 규정하고 있다. 물론 어떤 상황에서는 음악치료 진단평가 과정을 통해 다른 의료 전문가가 진단한 질병이나 진단적 조건을 확인하는 역할을 하기도 하고, 일정 기간 후에 진행되었던 치료의 효율성이나 대상자의 진보를 평가하기도 한다. 그러나 음악치료에서의 진단평가는 대상자가 가지고 있는 병 자체에 초점을 두어 그 병리적인 원인과 상태를 파악하거나 대상자의 가치나 능력 수준을 평가하는 세부적 과정을 의미하지 않는다. 왜냐하면 음악치료는 질병 자체보다는 치료 대상자 자체에 초점을 두어 그 사람이 자신의 병이나 문제를 극복하고 대처할 수 있도록 여러 영역으로 지원하는 데에 의미를 두기 때문이다. 따라서 음악치료에서 '진단평가'라는 용어가 어떤 특정한 의미를 가지며 어떤 과정을 의미하는 것인지를 우선적으로 살펴볼 필요가 있다.

음악치료는 '음악'이라는 매우 주관적이고 창의적인 분야와 '치료'라는 객관적이고 과학적인 두 분야의 결합으로 이루어져 있는데, Bruscia(1998)는 이러한 이중적 정체성을 음악치료의 규명을 매우 어렵게 하는 요소로 다음과 같이 주장하였다.

> "음악과 치료의 합성으로, 음악치료는 예술이기도 하고 과학이기도 하며 사람들 간에 일어나는 과정이다. (중략) 예술로서의 음악치료는 과학적으로 조직되고 사람들 사이의 과정에 초점을 둔다. 과학으로서의 음악치료는 예술의 과정으로 생명력을 가지게 되며 치료사와 대상자의 관계를 통해 인간성을 부여받게 된다. 대인 관계로서의 음악치료는 예술에 의해 동기화되고 실현되며 과학에 의해 유도된다."(p. 10)

또한 음악치료는 치료를 시행해야 하는 대상자들, 즉 치료사의 이론적 배경, 치료 철학, 접근 방법 등에 따라 다양한 적용을 보이고 있다. 음악치료사는 자신의 철학이나 이론적 배경, 근무 기관의 특성 등에 따라 혹은 치료 대상자의 필요에 따라 다양한 양식을 사용할 수 있으며 이러한 다양성은 음악치료의 과정이나 정체성을 규명하는 데 또 다른 어려움으로 작용해 왔다. 그러나 이러한 다양성에도 불구하고 음악치료에서의 '진단평가(Assessment)'라는 용어는 특정한 의미를 가지며 음악치료사들 간에 공통적으로 사용되어 왔다.

1. 정보 수집의 단계

Isenberg-Grzeda(1988)는 음악치료에서의 진단평가를 치료 전에 선행되어 치료 과정을 이끄는 정보 수집의 단계로 규명하였다. 이 과정에서 대상자는 치료사나 다른 사람들과 관계를 형성하며 과제에 참여하게 되고 치료사는 이러한 대상자를 관찰하게 된다. 따라서 관찰에 근거하여 치료사는 대상자의 현재 상태나 기능 수준, 필요 등을 파악하게 되는데 이러한 결과들은 정확한 진단을 내리기 위해 서로 유사한 증상을 가진 두 개 이상의 질환을 비교하는 감별진단이나 진단을 위한 임상적 특징을 제공하는 요소가 되기도 한다. 또한 진단평가의 결과들은 대상자에게 적절한 치료가 무엇인지를 알려 줄 뿐만 아니라 음악치료가 주 치료로 적용될 때 어떠한 잠재적 효과가 있는지를 결정할 수 있도록 하며, 대상자의 규명된 필요를 충족시키기 위한 치료의 목적과 목표, 방법과 기술 등이 가장 직접적으로 구성되도록 한다. 이 단계에서 얻어진 정보는 치료사가 대상자의 변화를 평가하는 단계에서 치료의 효과성과 더불어 그 변화를 측정할 수 있는 기초 자료가 되기도 한다.

Cole(2002) 역시 진단평가를 학생이나 환자에 대한 정보를 획득하는 넓고 다양한 접근 방법을 의미하는 일반적 용어로 규명하였는데, 진단평가는 치료의 초기 단계에서 시행되는 것이 일반적이지만 교육 현장에서는 학기 중간이나 학기 말에 사용될 수 있다고 주장하였다. 그러나 어떤 경우건, 진단평가는 시행하는 사람이 그 대상자에 대한 정보를 획득하려는 데에 목적이 있다는 것에는 차이가 없다. 대상자에 대한 정보를 수집하다 보면 대상자와 그 사람의 삶에서의 주요 사건들과 그것이 미치는 영향들, 의학적 상태와 의약품 복용의 실태, 교육이나 프로그램의 수혜 상황, 대상자와 음악과의 관계나 음악적 경험, 종교적 신념이나 가치, 그리고 현재 요구되는 필요나 목적 등에 대한 이해와 지식을 얻을 수 있다(Wheeler et al., 2005).

이렇게 수집된 대상자의 정보들은 단순히 기록되고 보고되는 목적을 넘어서서 음악치료의 시행을 위해 설정되는 장기적 치료 목적 및 단기 치료 목표의 설정에 매우 중요한 근거가 된다. 앞에서도 언급한 바와 같이 음악치료는 질병이나 장애 자체의 원인을 규명하여 치료하기보다는 대상자에 초점을 두어 질병이나 장애를 극복할 수 있도록 다면적으로 치료에 접근하기 때문에 대상자에 대한 정보도 신체적, 심리적, 정서적, 인지적, 운동적, 사회적 능력이나 기술 등 다양한 영역에서 수집되고 분석된다. 또 음악치료에서는 음악이 치료의 중요한 도구의 역할을 하기 때문에 대상자의 음악적 선호도나 기술 등의 음악적 정보도 함께 수집되어 치료 과정에서 적절하게 적용될 수 있도록 하는 것이 필요하다.

2. 치료의 첫 단계

Peters(2000)는 "효과적인 음악치료를 위한 첫 단계는 대상자 개인의 강점과 약점을 파악하고 특정 문제와 필요 영역을 규명하는 과정이다."(p. 52)라고 주장하였으며, Michel과 Pinson(2004)도 치료사와 대상자가 가장 처음 만났을 때 치료사가 관찰하는 모든 대상자의 행동들이 진단평가 과정의 한 부분이라고 설명하였다. 비록 관찰하기 어렵거나 양적으로 표현하기 쉽지 않은 행동들이 있을 수도 있지만 이러한 행동들도 대상자의 치료를 적절하게 계획하는 데 중요한 역할을 하는 것은 사실이다. 따라서 치료사는 첫 단계부터 대상자의 정보를 가능한 많이 수집하는 것이 중요하다.

진단평가는 치료사가 대상자를 처음 대면하게 될 때, 혹은 대상자에 대한 의뢰가 시작되었을 때부터 그 과정이 시작된다. 진단평가의 방법은 얼굴을 맞대고 하는 면접이나 전화 상담이 될 수도 있고, 대상자 자신이나 보호자에 대한 일정한 양식의 서술, 다른 전문가의 진료 기록, 혹은 음악활동 안에서 대상자가 보이는 반응을 관찰하는 등 매우 다양한 방법이 있다. 일반적으로 음악치료 대상자들의 인지적 능력이나 언어적 기능은 매우 다양해서 경우에 따라 기존의 진단도구나 방법으로 그들의 상태를 정확하게 파악하기 어려운 때가 종종 있다. 이런 경우에는 초기부터 음악활동 안에서 대상자의 비음악

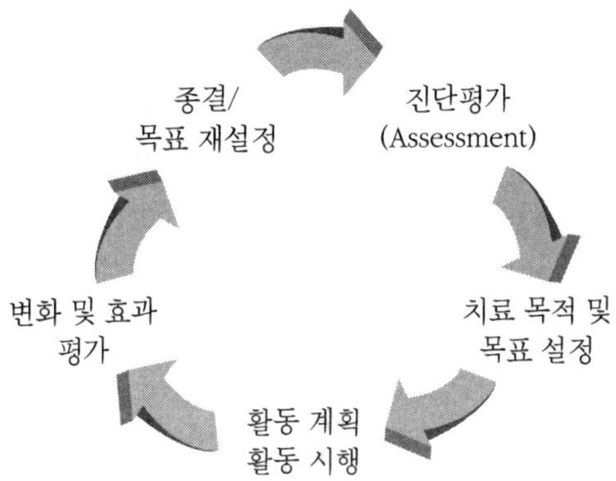

[그림 1-1] 음악치료에서의 진단평가

적 영역의 기능들을 진단평가하여 기존의 방법으로는 획득하기 어려운 대상자의 정보를 수집함으로써 앞으로 진행될 치료의 계획을 세우는 중요한 근거로 삼을 수 있다.

3. 치료 계획 설정을 위한 통합적 과정

Wheeler 등(2005)은 대상자가 음악치료 세션 안에서 무엇을 하는지 치료사가 관찰하고, 그들의 음악적 또는 비음악적 행동 등을 해석하며, 그러한 관찰에 근거하여 치료의 계획을 세우는 통합적 과정이 진단평가의 과정이라고 말한다. 그리고 다른 영역의 진단평가와 음악치료 진단평가가 구별되는 요소로 대상자가 음악적 경험을 하고 있는 동안에 진단평가가 이루어진다는 점을 들고 있다. Davis, Gfeller, Thaut(1999)도 진단평가는 치료가 시작되기 전에 이루어지며 대상자의 병력이나 개인사(personal history)는 물론 현재의 상태에 대해 전반적인 검토를 통해 치료의 전략을 개발하고 치료 기간을 측정할 수 있도록 도와주기 때문에 진단평가의 정보는 다양한 방법으로 수집되는 것이 좋다고 주장하였다.

음악치료의 목적은 음악을 사용하여 대상자의 비음악적 영역의 문제나 장애를 극복하고 해결할 수 있도록 하는 것이다. 따라서 음악치료사가 획득해야 하는 대상자 관련 정보는 비음악적 영역에 치중되어 있다. 미국의 경우 음악치료사들 자신도 언어적, 심리적, 인지적, 생리적 기능 등을 진단평가하는 것에 대해 부정적으로 인식하는 경우가 보고되고 있는데(Kim, 2005), 이는 대상자들이 이미 여러 다른 전문가들로부터 이러한 평가나 진단을 받았으므로 음악치료에서 다시 반복하여 평가할 의미가 없다고 생각하기 때문이다. 그러나 음악치료사들은 대상자의 음악적 선호도나 능력뿐 아니라 음악 자극으로 더 쉽게 표현되어 진단평가될 수 있는 비음악적 영역들의 강점과 약점을 관찰하고 분석하여 대상자의 치료 계획에 반영하는 수고를 반드시 해야 한다(Hanser, 1987; Davis et al., 1999; Kim, 2005).

수집된 정보로 치료 계획의 필수적인 근거를 마련하려면 치료사가 음악활동 안에서 보여지는 대상자의 반응을 객관적이고 과학적으로 측정하고 수집할 수 있는 기술과 그것을 대상자와 관련하여 분석하고 해석할 수 있는 능력을 갖추어야 한다. 그러기 위해서는 적절한 교육과 훈련이 선행되어야 하며 치료사 자신이 임상 현장에서 정확하게 진단평가를 시행할 수 있도록 끊임없이 노력하고 진단평가 과정에 대한 의미와 중요성을 폄하하는 우를 범해서는 안 된다.

4. 미국음악치료협회의 규정

미국음악치료협회(American Music Therapy Association: AMTA)에서는 진단평가에 대한 기준과 시행 세칙을 명시화하여 치료사들이 임상 현장에서 적절하게 진단평가 과정을 적용할 수 있도록 하고 있다. 이 기준에 따르면 치료사들은 대상자에게 음악치료 서비스를 제공하기 전에 그들을 진단평가하도록 되어 있다. 진단평가에서는 대상자의 심리적, 인지적, 의사소통적, 사회적, 생리적 영역의 강점과 필요에 초점을 두며 이러한 진단평가의 결과와 적용은 대상자를 위한 음악치료 프로그램의 기본이 된다고 강조하고 있다(〈표 1-1〉).

최근에는 음악치료의 대상군이 확장되고 그 방법이 나날이 다양해지는 실정이다. 이런 상황에서의 지속적인 진단평가 교육 및 감독은 음악치료사의 자질 향상과 음악치료의 전문성 증진과도 밀접한 관계가 있다. 따라서 우리나라에서도 학위 과정 내에서의 진단평가에 대한 체계적인 교육은 물론 졸업 후에도 임상 현장에 있는 치료사들이 지속적으로 진단평가에 대한 교육을 받을 수 있도록 기회가 제공되어야 할 것이다.

진단평가는 일반적인 평가(evaluation)와 자주 혼동되어 사용되는 경우가 있어서 Cohen과 Gericke(1972)는 이들 두 개념에 대해 "진단평가는 진단과 정보 수집, 필요 인식, 행동 관찰, 프로그램 계획을 포함한다. 평가는 획득된 결과, 목표 달성 여부, 성공 측정의 기준 등과 관련 된다."(p. 162)라고 비교 설명하면서 "진단평가는 목표를 설정하고, 그 목표가 달성되었는지의 여부를 결정하는 데 필수적인 요소이다."라고 주장하였다.

이들 외에도 많은 연구자들이 '대상자의 필요' '치료의 첫 단계 또는 치료 이전의 단계' '치료 전략과 목적' 등의 단어로 진단평가

〈표 1-1〉 미국음악치료협회의 임상실습 기준

2.0	기준 II – 진단 평가 대상자는 음악치료 서비스를 받기 전에 음악치료사로부터 사정을 받게 된다.
2.1	음악치료 진단평가는 대상자의 필요와 강점에 초점을 둔 심리적, 인지적, 의사소통적, 사회적, 생리적 기능 등의 일반적 영역을 포함한다. 진단평가는 또한 대상자의 음악에 대한 반응, 음악기술과 음악적 선호도 등도 결정한다. 대상자의 영적 · 문화적 배경도 고려될 수 있다.
2.2	모든 음악치료 진단평가 방법은 대상자의 생활 연령, 진단명, 기능 수준, 영적 · 문화적 배경에 적절해야 한다. 그 방법은 음악 상황이나 다른 상황에서의 관찰, 인터뷰, 언어적 · 비언어적 교류, 검사 등을 포함하지만 그런 방법들로만 제한할 필요는 없다. 정보는 또한 다른 전문인들이나 의학적, 사회적 병력 등의 자료를 통해서도 얻을 수 있다.
2.3	진단평가는 진단명이나 약물, 보조 장치, 위치, 다른 치료에의 관여, 정서적/사회 심리적 조건, 현재의 건강 상태 등으로 인한 수행의 다양성을 인식해야 한다. 또한 진단평가는 가족이나 다른 지원체계의 이용 가능성과 그 대상자를 돌보기 위한 그들의 역할을 규명한다.
2.4	검사의 모든 결과들은 적절한 규준이나 척도 참조 데이터(criterion referenced data)에 근거하여 해석된다.
2.5	음악치료 진단평가 과정과 결과는 대상자 파일의 일부가 된다.
2.6	음악치료 진단평가의 결과, 결론, 적용은 대상자의 음악치료 프로그램의 기본이 되며 그 대상자에게 다른 서비스를 제공하고 있는 사람들에게도 전달된다.
2.7	진단평가가 대상자의 다른 치료에 대한 필요를 제시할 경우, 음악치료사는 적절하게 의뢰를 한다.

(출처: *AMTA member sourcebook*, 2004)

를 규명하고 있다(Bruscia, 1988; Griggs-Drane & Wheeler, 1997; Davis, Gfeller, & Thaut, 1992). 이러한 모든 정의와 요소들을 고려해 볼 때, 음악치료에서의 진단평가는 치료의 시작 단계로서 대상자의 가장 시급한 필요를 규명하여 달성되어야 할 치료의 목적과 목표로 연결되는 과정으로 간주될 수 있다.

제2장

진단평가 시행의 목적

포괄적인 관점에서 보았을 때 음악치료 진단평가는 대상자와 관련된 다양한 정보를 수집하고 치료 계획에 반영하여 치료의 효과를 극대화하려는 목적이 있다. 그러나 좀 더 구체적으로 살펴보면 음악치료 진단평가의 통합적 과정 안에서 매 단계마다 진단평가 시행의 다양한 목적을 발견할 수 있다.

1. 대상자의 필요 규명

진단평가의 가장 우선적인 기능은 치료 대상자의 시급한 필요(need)를 진단하도록 하는 탐구의 과정을 제공한다는 것이다. 앞에서 언급된 바와 같이, 대상자가 이미 다른 전문가에게 특정의 임상적 진단을 받았다 할지라도, 음악치료사가 대상자의 강점과 약점, 현재의 상태 등을 체계적으로 평가하는 과정은 대상자는 물론 치료사에게도 반드시 필요한 과정이다.

일반적으로 음악치료 서비스를 받는 대상자는 나이와 발달 정도, 증상, 문제 행동, 심리 상태, 음악적 선호도에 있어서 매우 다양한 분포를 보인다. 심지어는 같은 장애를 진단받은 비슷한 나이의 대상자들 간에도 나름대로의 개인적 특성을 보이기 때문에 그 대상자에 대한 세심한 관찰과 평가 없이는 최대의 효과를 기대하기 어렵다. 이렇게 다양한 대상자들은 음악치료 활동 안에서 음악적 경험을 통한 반응과 표현으로 치료사에게 자신을 나타내게 되고 때로 이러한 반응들은 다른 전문가들의 평가에서는 나타나지 않았던 정보가 될 수도 있다.

음악치료사가 대상자의 필요를 규명하는 데 있어서는 연구자들 간에 혹은 치료사들 간에 논란의 여지가 아직 남아 있어서 때때로 음악치료사들이 비음악적 영역을 진단평가하는 것에 대해 부정적인 입장을 표현하고 음악과 관련된 정보만을 수집하려는 경향을 볼 수 있다(Kim, 2005). 그러나 Bruscia(1988)는 음악에 내재되어 있는 상징적이고 역동적인 특성이 진단평가에서 매우 유용하게 사용되며, 과정 중심적으로 진행되는 음악 안에서 대상자가 자신이 가지고 있는 기능의 역동적 정보들을 잘 나타나게 하는 잠재력을 가지고 있다고 강조하였다. Isenberg-Grzeda(1988)도 음악치료사가 다른 전문가들이 다루는 영역을 그들과 같은 비음악적 방법으로 진단평가하는 것에 대해 의문을 제기했는데, 그녀는 음악치료사들이 음악과 관련되어 나타나는 대상자의 기능과 행동들을 진단평가해야 하며 그것은 기존의 다른 전문가들이 이미 보고하고 있는 대상자의 정보에 추가적 정보를 제공할 수 있고 대상자에 대한 이해를 증진시킨다고 주장하였다.

이 과정은 치료 계획의 설정에 필요한 치료 목적과 목표를 결정하도록 한다. 따라서 정확하고 분명하게 대상자의 필요를 규명할수록 치료의 목적과 목표 설정도 정확해진다는 것은 매우 당연한 일이다. 또한 이것은 음악치료사가 그들의 치료에 대한 책임감을 보여 주는 근거가 되기도 한다.

2. 치료 목적과 방향 제시

진단평가의 결과는 대상자에 대한 정보뿐만 아니라 치료 목적과 방향의 기반을 제공한다. Davis 등(1999)은 “그 데이터들은 대상자가 음악치료에 적절한지, 만약 그렇다면 치료 목적은 무엇이며 어떠한 치료 기술이 적합한지를 치료사가 결정할 수 있도록 도와준다.” (p. 277)라고 강조하였다. Bruscia(1988)도 진단평가의 과정이 대상자에게 가장 적합한 치료 프로그램을 제공하도록 하며 치료의 목적 형성을 위한 정보를 제공하고 가장 효과적인 치료 방법을 규명한다고 설명하였다.

Wheeler 등(2005)은 이 단계에서의 목적을 위해 치료사가 고려해야 할 사항들을 다음과 같이 설명하면서 어느 경우에건 대상자의 필요와 욕구를 음악치료가 제공할 수 있는지를 비교해야 한다고 주장하였다(p. 33).

- 음악치료가 필요한가? 그리고 대상자가 음악치료를 원하는가?
- 대상자가 음악치료에 참여하는 데 어떤 문제나 금기는 없는가?
- 어떤 음악치료의 방법이 가장 적절한가? (예를 들어, 즉흥연주, 감상, 창작 등)
- 도구들이 대상자의 나이와 성숙도 그리고 흥미에 적절한가?
- 대상자가 기존의 음악치료 프로그램에 참여하기 위한 선제 조건들을 갖추고 있는가?

다른 전문 영역과 마찬가지로 음악치료가 그 가치를 인정받기 위해서는 치료사가 실질적인 지식을 보유하고 타당한 치료의 목적과 목표를 설정하여 적용하는 능력을 갖추어야 한다. 음악치료에서 설정되는 '목적'은 일반적이고 비교적 장기간에 걸쳐 달성될 치료의 결과를 의미한다. 이와 비교하여 치료 '목표'는 좀 더 구체적이고 단기적인 기간을 필요로 하며 목적에 비해 자주 변화될 수 있다. 이러한 차이가 있지만 목적이나 목표는 음악치료를 통해 달성되어야 하는 것을 의미하는 것이지 음악치료를 시행하는 이유나 방법을 의미하지 않는다는 점에서 같다. 따라서 대상자의 강점, 약점, 필요 등을 정확하게 규명하여 치료사에게 제공하는 진단평가 과정은 치료의 목적과 목표를 설정하는 데 매우 중요한 역할을 담당하고 있다.

3. 치료 초기의 기초선 자료 제공

진단평가는 치료가 시행되기 전 대상자의 초기 상태를 측정하는 도구가 되어 치료 개입 전과 치료를 통한 후속적 변화를 비교하여 치료의 효과에 대한 의미 있고 객관적인 정보를 제공한다. 대상자의 초기 상태는 음악치료가 개입되기 이전의 단계이기 때문에 치료가 필요한 부분이 쉽게 관찰되거나 측정될 수 있으며 그런 반응들이 궁극적으로 치료 목적이나 목표를 결정하는 주요인으로 작용한다. 즉, 진단평가 이후의 음악치료 활동은 설정된 목적이나 목표 달성에 초점을 맞춰 진행되기 때문에 치료가 진행되면서 초기에 발견되었던 대상자의 문제는 긍정적인 방향으로 변화하게 된다.

일반적으로 연구에서 독립변인이 영향을 미치기 이전에 자료가 수집되는 기간을 '기초선(baseline)'이라 하는데 이 기간 동안에는 가급적 대상자의 상태를 그대로 유지하면서 연구에 필요한 정보를 수집하게 된다. 즉, 음악치료에서 초기 단계에 시행되는 진단평가의 결과가 이 기초선의 역할을 하게 되는 것이다. 음악치료에서는 기초선 기간 동안에도 음악활동이 시행되기 때문에 순수한 기초선으로 볼 수 있느냐에 대해 논란의 여지가 있겠지만 진단평가 기간 중에는 아직 치료의 목적이 정해지지 않고 대상자의 강점과 약점을 파악하는 것에 초점을 두어 음악활동이 시행되므로 본격적인 치료가 개입된다고 보기 어렵다.

기초선 구간을 둠으로써 우리가 기대할 수 있는 가장 큰 이점은 대상자의 현 상태를 있는 그대로 파악하여 가장 적절한 치료 방법과 목적을 설정하여 치료를 계획할 수 있다는 것이며, 부가적으로는 치료 개입 전과 후를 비교함으로써 치료에 대한 대상자의 변화와 효과를 명확하게 입증할 수 있다는 점이다. 물론 대상자가 큰 변화를 보였다 할지라도 그것이 순수하게 음악치료만의 효과로 입증될 수 없는 경우도 종종 발생한다. 그러나 음악치료가 과학적이고 객관적인 치료 방법이라는 정체성을 확고히 하기 위해서라도 이러한 과정은 필수적으로 고려되어야 한다.

4. 치료 과정의 효율성 평가

비록 치료 계획이 초기 진단평가의 결과에 의거해 설정되었다 해도 치료 과정에 예상하지 못했던 변인들이 영향을 미칠 수 있다. 이런 경우, 진단평가는 치료 과정을 재검토하고 그 효과를 평가하는 역할을 할 수 있다. 치료가 진행되는 동안 치료에 부정적 영향을 미칠 수 있는 요인들은 가능한 철저하게 통제되어야 하지만 그러한 통제나 제한이 현실적으로 또는 윤리적으로 불가능한 경우도 종종 발생하게 된다. 이러한 경우 통제되지 못한 변인들은 치료사가 예측하지 못했던 결과를 초래할 수도 있으며 더 나아가 치료 과정 자체를 무의미하게 만들어 버릴 수도 있다.

치료사는 치료가 진행되는 동안 간헐적으로 진단평가를 반복하여 진행 과정을 확인할 수 있는데, 만약 평가의 결과가 만족스럽지 못하거나 치료사가 기대했던 것과 다른 양상을 보이는 경우, 또는 대상자가 초기에 관찰되지 않았던 다른 문제를 보일 경우에 음악치료사는 치료 계획을 수정할 수 있다. 이 과정에서 음악치료사의 객관적이고 일관된 평가 기준이 요구되는데 초기 상태와 달리 이미 대상자와 치료사 간의 친분이나 편견이 판단에 영향을 미칠 수 있기 때문이다. 따라서 진단평가의 결과를 신뢰할 수 있기 위해서 치료사는 항상 평가의 기준을 일관되게 유지할 수 있도록 지속적으로 노력해야 한다.

일정 기간 후에 시행되는 최종 평가는 치료의 마지막 단계에서 초기에 시행된 평가의 결과인 기초선을 바탕으로 대상자 변화의 양과 질을 결정할 수 있도록 한다. 기초선과 최종 평가의 결과를 비교함으로써 치료의 효과를 평가할 수 있는데 양적으로 차이가 비교되는 경우도 있고 질적으로 그 변화가 설명되는 경우도 있다. 어떤 방식을 택할 것인가는 치료사의 학문적 배경, 개인의 치료 철학이나 치료 시행 기관의 양식에 따라 달라진다. 그러나 어떠한 경우이건 치료의 효율성은 객관적이고 체계적으로 설명되어야 하며 대상자와 관련이 있는 다른 전문인들에게도 치료의 과정과 그 효율성이 명료하게 설명될 수 있어야 한다.

5. 후속 치료를 위한 정보 제공

진단평가의 마지막 목적은 치료의 효율성에 대한 평가와 더불어 대상자의 다음 진행 단계에 대해서도 지침을 줄 수 있다는 점이다.

진단평가는 대상자에 대해 좀 더 알게 하고 치료되어야 하는 영역들을 규명하는 데 도움을 준다. 치료를 종료하기 위해서 대상자는 설정된 치료 목적을 달성하거나 치료사가 종료를 결정해야 한다. 이러한 기능을 수행하기 위해, 음악치료사는 음악치료 전체 과정을 평가하고 검토해야 하는데 여기에는 초기 목적, 진보, 후속 치료나 다른 치료에 대한 제언이 포함된다.

초기에 설정된 목적과 목표가 달성되었는지의 여부를 확인하기 위해서 여러 가지 방법이 사용될 수 있는데, 초기에 측정한 기초선 자료와 마지막에 측정한 최종 평가와의 차이나 변화를 비교할 수도 있고 기초선 자료부터 마지막까지 여러 번에 걸쳐 대상자를 평가한 후에 그 변화의 차이와 경향 등을 분석하기도 한다. 이때 반드시 고려되어야 할 것은 대상자의 변화의 과정에 음악치료 외에 치료사가 통제할 수 없는 변인에 의해 영향을 받았는지의 여부와 만일 그런 외부변인이 작용했다면 그것이 어떤 영향을 얼마나 어떤 방향으로 미쳤는지 등을 함께 파악하여 결정해야 한다는 점이다.

일반적으로 초기에 설정된 목적이 달성되었다고 해서 음악치료가 종결되는 경우는 드물다. 하나의 목적이 달성되면 최종 진단평가의 결과에 의해 다시 대상자의 필요부분으로 분석된 다른 목적이 설정되고 그것의 달성을 위한 새로운 치료 계획과 치료 과정이 이루어지기 때문이다. 때에 따라서는 대상자에게 다른 치료를 제안하기도 하는데 이때 음악치료 과정에서 이루어진 진단평가의 결과들이 대상자의 기록에 첨부되어 다른 전문인에게 도움을 줄 수 있다.

제3장

진단평가 시행의 이유

앞에서 살펴본 바와 같이, 음악치료 진단평가는 인지, 운동, 언어 등의 비음악적 영역에 대한 대상자의 강점과 약점, 필요 등을 수집하고 분석한다. 그러나 이러한 영역의 정보들은 음악치료사가 아닌 다른 의료 전문가들에 의해서도 수집이 가능하며 대부분의 음악치료 대상자들은 적어도 한 번 이상 유사한 평가를 다른 전문가들로부터 받은 경험이 있기 때문에 반복되는 평가가 대상자나 그 보호자들을 더욱 힘들게 만들 수 있고 따라서 음악치료에서 진단평가받는 것을 거부하는 경우도 보고되고 있다(Kim, 2005). 그럼에도 불구하고 음악치료 대상자에 대한 진단평가는 반드시 시행되어야 하는 과정이다.

음악치료 진단평가의 가장 큰 특징은 기존의 다른 영역 평가와는 다르게 음악활동 안에서 평가가 이루어진다는 점이다. 음악과 악기는 언어적 평가가 불가능한 대상자는 물론 인지적 기능의 결함으로 인해 지필검사의 정확한 평가가 어려운 대상자까지 모두 평가가 가능하도록 하며 심리적으로 안전한 환경을 제공하여 대상자가 평가에 대한 두려움이나 스트레스를 비교적 적게 경험하도록 한다. 이러한 근본적인 차이 외에도 음악치료사가 음악치료만의 독특한 진단평가를 시행해야 하는 이유는 다음과 같다.

1. 전문적 정체성의 반영

음악치료에서 진단평가를 시행해야 하는 가장 중요한 이유 중의 하나는 그것이 음악치료 영역의 정체성을 반영하기 때문이다. 음악치료 연구에서 사용되는 진단평가 도구들은 다른 영역에서 빌려온 것이 대부분인데, 이는 정신학, 심리학, 또는 사회복지학 등의 정신건강 전문 영역과는 달리 음악치료만의 독특한 기술이 발달되지 않았기 때문이다. 이러한 이유로 음악치료사들은 기존의 평가 도구를 수정하거나 변경시켜 사용해 왔고 이는 전문가로서의 음악치료사에 대한 기대 저하를 가져와 음악치료의 효과에 대한 전망이나 취업 기회에 부정적 영향을 미쳐왔다(Robbins, 1985). Rider(1981) 역시 음악치료사에게 가장 필요한 것은 타당성 있고 신뢰할 수 있는 진단평가 도구라고 주장하였으며, Cohen과 Gericke(1972)는 음악치료사들이 전문가로서 데이터 수집 방법과 진단평가 과정을 계속적으로 형성하고 개발시켜 나가야 하며, 음악치료 진단평가 도구는 음악치료의 이론과 철학 속에서 고안되어 음악치료의 전형적인 세팅에서 합당하게 사용되어야 한다고 제언하였다. 한편 많은 연구자들이 위와 같은 의견에 동의하고 있는데 음악치료 전문성의 성장과 발달은 정확한 진단평가와 관찰, 치료에 대한 평가에 달려 있기 때문이다 (Isenberg-Grzeda, 1988; Davis et al., 1999).

2. 책임감 반영

1) 치료사 자신에 대한 책임감

일반적으로 치료를 결정하고 그 과정을 진행시키기 위해, 진단평가는 대상자의 기초선을 제공한다. 치료사는 그 기초선 자료에 근거하여 치료의 목적과 방향을 세우며 적절한 치료 활동을 도입한다. 그리고 일정 기간 후에 치료사는 다시 진단평가를 실시하여 초기의 상태와 비교함으로써 자신이 진행하는 과정과 방향에 대해 확인하고 확신할 수 있게 된다. 출발점과 도착점이 명확하고 신뢰할 수 있는 나침반이 있을 때 항해가 안전한 것처럼 음악치료사가 대상자와 함께 진행해 가는 치료의 과정에서 진단평가는 좋은 지침이 된다. 또한 우리가 체계적으로 대상자의 능력을 조사하고 그들의 흥미와 선호도를 알아내는 것은 음악치료가 얼마나 대상자를 위한 치료를 성공적으로 지원하고 있는지를 명확히 보여 주는 일이며, 공식적 진단평가 도구는 대상자의 능력과 선호도를 지속적으로 확인시켜 주고 치료를 계획하는 데 자원으로 사용된다.

2) 대상자와 그 가족들에 대한 책임감

우리는 대상자의 건강을 증진시킬 임무를 갖고 있는데 이때 진단평가는 음악치료가 그들을 위해 어떻게 지원되고 있는가를 보여 준다. 그런데 음악이라는 창의적이고 주관적인 매체를 사용하여 치료를 시행한다는 특징 때문에 음악치료가 치료의 의미보다는 레크리에이션이나 즐거운 오락시간의 의미로 인식될 수도 있다. 이런 경우에 대상자와 그 가족들의 치료사에 대한 신뢰도나 치료에 대한 믿음이 저하되는 부정적 결과를 초래할 수도 있어서 실질적인 치료의 효과를 반감시킬 수도 있고 대상자의 긍정적 변화를 저해하는 요인이 되기도 한다. 따라서 진단평가를 통해 음악치료가 대상자에게 얼마나 적절하고 체계적으로 시행되고 있는지를 보여 주어 음악치료에 신뢰를 갖고 적극적으로 참여하도록 유도하는 것이 치료사뿐 아니라 대상자와 그 가족들에게 도움이 된다.

3) 동료 음악치료사나 다른 전문가들에 대한 책임감

비록 대부분의 음악치료사들이 혼자서 일을 하지만, 간혹 자신의 대상자가 다른 음악치료사에게 의뢰되어 치료를 받거나 다른 치료사로부터 대상자를 의뢰받는 경우가 발생할 수 있다. 이때 기존의 음악치료사가 체계적으로 세세하게 기록한 대상자의 진단평가와 그 진보기록을 제공할 수 있다면 새로운 음악치료사는 그것을 통해 그 대상자의 능력과 선호도 등을 쉽게 이해할 수 있게 되어 불필요한 평가 과정이나 시간 소모를 줄일 수 있다. 또한 음악치료사에게 자신의 환자를 의뢰하는 다른 전문가들도 음악치료 진단평가 과정과 결과에 관심을 갖고 정보 공유를 부탁하거나 기록을 보고 싶어 할 수도 있으며, 학교나 보험회사와 같이 인가된 기관들에서 치료 과정에 대한 정확하고 명료한 서류를 요구할 때 제시할 근거가 되기도 한다. 그러므로 음악치료 진단평가가 음악치료사들만의 독특한 방법과 언어로 시행되는 것도 중요하지만 대상자와 관련 있는 다른 사람들에게 공개되었을 때 그 과정에 대해 명료하게 알 수 있도록 정확하게 서면으로 기록하는 것도 중요하다(Cole, 2002).

3. 치료의 정당성 제공

음악치료에서 적절한 진단평가는 다른 전문가들로부터 얻을 수 없는 가치 있는 정보를 제공하며, 보다 규모가 큰 의료 전문가 집단과 음악치료사와의 관계를 규명하는 데 도움을 주는 도구로 사용될 수 있다. 음악치료사는 음악치료의 타당성 강화를 위해 진단평가 결과를 다른 전문가들과 나누고 공유해야 하므로 진단평가를 단순히 치료 과정 속에서의 중요한 역할로만 볼 것이 아니라 정신건강 전문인들과 전체 사회에 독특한 공헌을 하는 길을 제공함으로써 음악치료의 전문성에 대한 신뢰를 증진시킬 수 있는 잠재력을 가진 과정으로 보아야 한다.

또한 잘 적용되고 작성된 진단평가 도구는 행정가들에게 그들의 기관에서 음악치료가 필요한 이유를 보여 줄 수 있는 정보를 제공하고, 치료 비용을 보험회사가 지불해야 하는 미국의 경우에는 진단평가가 치료비 청구에 대한 정당성을 제시하는 등 음악치료의 독특함과 이득을 강조함으로써 음악치료 서비스의 시행을 강하게 지원한다. 이밖에 공립학교에서 특수 아동들과 일하는 음악치료사들은 학교 당국에 음악치료가 아이들의 개별화 교육 계획(Individualized Education Program: IEP) 목적을 달성하는 데 얼마나 도움을 줄 수 있는지를 보여 줄 수 있으며, 병원이나 다른 기관에서 일하는 음악치료사들은 그들의 프로그램, 예산, 음악치료사의 증원의 필요성을 설명하기 위해 진단평가를 사용할 수 있다.

4. 신뢰도 입증

음악치료 진단평가 과정은 음악치료를 신뢰성 있는 전문 영역으로 만드는 데 도움을 준다. 음악치료사는 음악치료만의 독특한 방법과 도구로 대상자를 평가해야 하는데, 만약 그러지 못하고 다른 영역의 평가 도구를 사용하거나 진단평가를 하지 않는다면 음악치료의 신뢰도를 입증할 수 없다. 음악치료만의 진단평가는 단순히 치료의 목적과 목표만을 이야기하는 것이 아니라 음악치료가 그 대상자에게 적합한 치료 중재인지를 알려 주며, 설정된 치료 목적 달성을 위해 어떤 치료 방법 혹은 어떤 음악활동이 더 적절한지를 알려 준다. 또 우리가 하고 있는 일이 무엇이고 어느 정도의 신뢰성을 가지고 있는지도 체계적으로 보여 주는데 이는 우리가 대상자를 사정하는 방법이 우리의 전문적 정체성을 반영하기 때문이다. 전문가로서의 신뢰도는 치료의 기본으로 진단평가에 초점을 지속적으로 둠으로써 달성할 수 있으므로, 음악치료의 잠재성을 보여 주고 음악치료의 독특함을 보여 주는 진단평가 과정을 반드시 가져야 한다.

제4장

진단평가의 유형

진단평가 도구는 사용하는 장소나 사용자의 철학, 시간, 대상자 수준, 혹은 그 평가 목적에 따라 다양한 유형으로 사용된다. 음악치료사도 여러 상황을 고려하여 가장 적절한 평가 도구를 선택하거나 기존의 도구를 수정, 보완하여 사용하게 된다. 그러나 음악치료에서 진단평가 과정이 매우 필수적 요소임에도 불구하고 아직까지 충분한 음악치료 진단평가 도구가 개발되지 못한 실정이어서 많은 치료사들이 평가 방법이나 도구의 사용에 어려움을 보고하고 있다.

최근에 Gregory(2000)는 1984년부터 1997년까지 *Journal of Music Therapy*에 등재된 연구에서 사용된 평가 도구들을 조사하였는데 그 결과 총 115개의 각기 다른 도구들이 보고되었으며 그중 50%의 연구에서 적어도 하나 이상의 평가 도구들을 사용하는 것으로 조사되었다. 그들의 대부분은 비음악 영역의 연구에서 출판되거나 인용된 도구들이었으며 몇 명의 연구자들은 비음악적 내용의 도구들에 음악치료 관련 항목을 첨가하거나 약간 수정하여 만든 목록 대조표(checklist)나 평정척도(rating scale)를 사용한 것으로 나타났다. 이처럼 음악치료에서의 진단평가는 음악활동 안에서 이루어지지만 분명하게 비음악적으로 기록되고 보고되며 그 형식은 일반적으로 많이 사용되는 유형으로 구성된다. 따라서 이 장에서는 진단평가 도구의 일반적 유형을 살펴보고자 한다.

1. 진단평가의 일반적 유형들

1) 비형식적 진단평가

비형식적 진단평가(Informal assessment)는 명칭에서 의미하는 바와 같이 특정한 형식이나 기준이 없이 대상자를 평가하는 방법을 지칭한다. 형식적 진단평가(Formal assessment)나 표준화된 진단평가(Standardized assessment)와는 달리 시행에서 엄격한 절차나 규칙을 적용하지 않고 평가자가 시행하고 점수화하고 해석하는 데 많은 자율권과 여지를 갖고 있어서 상황이나 목적에 따라 적절하게 적용할 수 있다. 대부분의 비형식적 진단평가는 목표 지향적(criterion-referenced)이고 비교적 간단한 방법으로 진행되며 대상자에게 형식적 진단평가 도구를 시행하는 것이 적절한가를 판단할 수 있는 정보를 제공하기도 한다.

Cole(2002)은 음악치료에서의 비형식적 진단평가에 대해 "문서의 형태로 제시되지 않는 음악치료 사정 과정을 의미하며, 대상자 각각을 사정하지 않아도 되는 집단 치료 형태에서 사용될 수 있다."고 규정하였다. 그러나 음악치료사가 대상자의 상황에 적절한 도구를 찾지 못해서 비형식적 진단평가로 대상자를 사정할 경우 음악치료사는 AMTA가 규정한 기준 영역을 따라 그들을 관찰하고, 그들의 변화 과정을 서면이나 머릿속으로 기록할 것을 권하고 있다.

특히 연구자들은 아동이 어릴수록 비공식적 진단평가 과정을 사용하는 당위성이 높아진다는 것에 대해 이견을 보이지 않는다. 어린 아동들은 형식적 평가에 대해 스트레스를 받기 쉽고 이러한 상황은 평가 결과에 영향을 미쳐 그 신뢰도에 부정적 영향을 미칠 수 있고, 엄격한 절차나 기준을 적용하는 형식적 평가보다는 대상자나 상황에 따라 융통성을 가지고 적절하게 적용하는 평가 방식이 어린 대상자에게서 보다 많은 정보를 얻을 수 있기 때문이다. 이러한 이유로 비형식적 평가 과정은 교실이나 치료실 상황에서 자연스럽게 이루어지는 예가 많다.

그런데 이때 반드시 고려되어야 할 점은 평가가 지속적인 기준에 의해 이루어지고 일관되고 타당성 있게 사용되어야 한다는 점이다. 평가의 적용에서 가장 중요한 요인 중의 하나는 평가 도구의 신뢰도와 타당도인데 비형식적 진단평가 도구의 경우 많은 부분에서 이러한 신뢰도와 타당도의 검증이 확실하게 이루어지지 않은 채 사용될 수 있으므로 평가를 시행하는 치료사는 평가의 목적에 따라 일관된 기준을 유지하도록 지속적으로 노력해야 한다.

2) 형식적 진단평가

형식적 진단평가(Formal assessment)는 시행과 점수체계 그리고 결과 해석에 있어서 좀 더 엄격하고 일관된 과정을 요구한다. 비형식적 진단평가는 시행 장소가 매우 한정되어 있으며 그 방법도 관찰이나 인터뷰, 토론 등의 방법이 주로 사용되는 반면, 형식적 진단평가는 특정한 목적을 가지고 공식적으로 행해지는 과정이다. 대부분의 형식적 진단평가는 보편적으로 많은 전문가나 동료들이 사용하기 때문에 그 결과에 대해서 더 높은 신뢰도와 타당도를 기대할 수 있다. 또 목표 지향적(criterion-referenced) 평가와 규준 지향적(norm-referenced) 평가의 특성을 모두 보일 수 있으며, 대개 특정 대상자군이나 이론적 근거에 많이 의존하여 만들어진다.

Cole(2002)은 음악치료에서의 형식적 진단평가에 대해 "책이나 기록에 분명히 설명되어 있으며 잘 조직된 문서로 남아 있는 체계적 음악치료 사정 과정"으로 정의하고 있다. 즉, 비형식적 진단평가와의 가장 큰 차별점으로 여러 음악치료사들에 의해 고안되어 책이나 논문에 소개됨으로써 조직된 문서의 유무를 꼽는데, 그녀에 따르면 이러한 도구들은 일반적으로 유사한 방법으로 사용되며 기술, 반응, 행동 등의 특정 영역을 다룬다. 또 대부분이 AMTA의 기준에 의거해 고안되었으며 때로 몇 개의 기존 도구들이 혼합되어서 만들어진다고 주장한다.

일반적으로 비형식적 진단평가가 형식적 진단평가보다 자주 시행되지만 음악치료가 시행되기 이전에 사용되는 진단평가와 중간 평가 그리고 최종 평가 등의 주요한 평가 과정은 형식적 진단평가의 절차이고 비형식적 진단평가는 표준화된 진단평가보다 현실적으로 개발이 용이하고 사용이 편리하다는 이유로 각 치료 활동 안에서 치료사가 수시로 대상자의 반응을 관찰하고 분석하여 진단평가나 최종 평가의 결과에 참고하는 과정으로 사용된다. 따라서 체계적으로 잘 조직된 도구를 개발하고 동료 치료사들에 의해 그 신뢰도와 타당도가 검증된 형식적 진단평가 도구를 사용하는 것은 음악치료의 전문성과 효율성을 높이는 필수적인 요건이다.

3) 표준화된 진단평가

형식적 진단평가와 비슷한 성격을 가진 평가로는 표준화된 진단평가(Standardized assessment) 방법이 있다. 사실 이 두 가지 평가 방법은 그 경계나 차이가 매우 불분명하여 확실하게 구분하여 정의하기 쉽지 않다. 연구자들 간에도 표준화된 진단평가를 포괄적으로 형식적 진단평가의 관점에서 같은 방법으로 정의하는 견해가 있는 반면, 표준화된 진단평가를 좀 더 엄격하고 그 해석에 있어 비교할 수 있는 규준(norm)을 제공하는 방법으로 세분화하는 입장도 있다. 이런 구분에서 가장 중요한 기준은 수치화된 규준에 의거해 그 결과를 점수화하고 해석한다는 점이다. 따라서 표준화 검사는 그 절차나 점수화, 결과 분석 등의 과정을 정확하고 자세하게 규정하여 시행자가 누구이건 같은 대상자에 대해서 같은 결과가 나올 수 있도록 모든 절차를 엄격하게 적용하도록 되어 있다.

표준화 검사 도구는 일반적으로 평가 전문가들에 의해 고안되며 결과를 비교할 수 있는 대상자 표본을 제공한다. 이 표본은 평가하는 대상자가 속해 있는 집단의 전체를 대표하는 것으로 간주되는 사람들이 동일한 조건과 상황하에서 받게 되는 매우 많은 양의 점수를 통계적으로 처리하여 제시되며, 각 대상자가 얻은 평가의 결과들은 이 표본 그룹의 점수와 비교되어 해석된다. 표본 점수는 특정 지역이나 기관에 속해 있는 사람들이 아닌 모집단 전체에서 무작위로 추출된 표본의 점수를 의미하는 것이기 때문에 시간이나 비용 면에서 매우 많은 투자가 필요하다.

한 예로 우리가 가장 쉽게 생각할 수 있는 표준화 검사로는 지능지수(IQ) 검사가 있다. 지능지수 검사는 대상자의 정신연령을 의미하는 것으로 자신의 나이를 대표하는 표본 점수와 자신의 실제 점수를 비교하여 산출하게 된다. 지능지수 검사는 1900년대 초에 Alfred Binet가 정신지체인들의 지적 능력을 측정하기 위해 만든 이후에 여러 학자들에 의해 수정 보완되어 널리 사용되고 있다. 이 검사의 경우 각 연령에 해당하는 모집단의 평균이 수집되었고 그 평균을 100점으로 하여 대상자의 지능지수를 비교 계산할 수 있도록 하였다.

음악치료에서 표준화 진단평가 도구는 연구를 통해 과학적으로 검증되고 많은 음악치료사들에 의해 같은 결과를 도출하며 사용되는 사정 과정을 의미하게 된다. 이 유형의 진단평가 도구는 특정한 적용

가이드라인과 점수체계를 갖추고 있으며, 같은 도구로 사정된 다른 대상자들과의 비교를 용이하게 하는 숫자적/기술적 규준을 포함해야 한다(Cole, 2002). 그러나 음악치료에서 표준화된 진단평가 도구의 필요성과 실현 가능성에 대한 논란이 많은데, 음악치료가 다양한 환자군을 대상자로 하며 그들이 보이는 문제 행동이나 약점도 매우 다양하기 때문에 표준 집단의 규준을 설정하는 데 현실적으로 많은 비용과 시간이 소모된다는 점이 가장 큰 걸림돌로 작용하고 있다.

또한 표준화된 진단평가의 개발을 고려할 때 음악치료의 특성상 대상자를 다른 사람과 비교하여 점수화하는 것이 어떤 의미를 갖는지에 대해서도 심각하게 고려해 봐야 한다. 음악치료의 진단평가는 대상자가 보이는 여러 영역의 기능 중에서 강점과 약점을 분석하여 가장 시급한 필요를 지원해 주기 위한 목적 설정에 그 의미가 있다. 따라서 대상자의 수준을 같은 장애나 문제를 가진 집단의 평균과 비교하거나 혹은 정상 집단의 평균과 비교하여 점수화하는 것은 목적 달성의 기준을 제공하는 역할 외에는 더 큰 의미를 찾기 어려울 수 있다. 그러므로 음악치료의 표준화된 진단평가 도구 개발은 공신력 있는 기관이나 단체의 지원 아래 많은 연구자들이 함께 의견을 모으고 연구하는 과정이 선행되어야 한다.

4) 규준 지향적 진단평가

규준 지향적 진단평가(Norm-referenced assessment)는 평가의 결과가 대상자의 동료나 같은 평가를 받은 다른 대상자들과의 점수와 비교되어 해석되는 진단평가를 의미한다. 이때의 동료 그룹은 규준적 표본(normative sample)으로 간주되어 비교 기준을 제공하게 된다. 규준적 표본의 점수는 일반적으로 정상 분포 곡선을 형성하며 그 곡선 위에서의 대상자 위치를 찾는 방법이다. 좀 더 정확하게 설명하자면, 평가를 어떻게 시행하는가에 의해 규정되는 것이 아니라 그 결과를 어떻게 해석하느냐에 따라 규준 지향적 평가의 여부가 결정되는 것이다. 이러한 방법은 우리에게는 '상대평가' 라는 용어로 더 익숙하며, 평가 자체의 수준이나 난이도와는 관계없이 평가 대상자들 간의 차이를 규명하기 위해 사용되어 왔다.

대부분의 표준화 검사들은 규준 지향적 성격을 가지고 있으며 결과를 비교할 수 있는 규준을 함께 제공한다. 규준들은 나라 전체에서 표본을 수집하여 표본 점수를 산출할 수도 있고 특정 지역이나 동질성을 가진 특정 집단에서 수집된 기준 점수를 사용할 수도 있다. 음악치료에서 이러한 유형의 진단평가를 사용하기 위해서는 평가하고자 하는 대상자가 속해 있는 특정 대상군의 표본 점수가 필요하다. 예를 들어, 정신지체 아동의 기능 상태를 진단평가하기 위해 치료사는 그 아동의 점수를 비교할 비슷한 연령의 정신지체 아동들의 표준 점수가 필요하며, 그에 따라 대상자가 그 집단 안에서 어느 정도의 위치에 있는지 알 수 있다.

그러나 음악치료의 목적이 매우 세분화되어 있고 대상자가 보이는 문제도 다양하기 때문에 규준을 설정하는 것이 현실적으로 어려운 것이 사실이다. 앞에서 예를 든 정신지체 아동의 경우 규준 점수를 구성할 대상자를 전국에서 혹은 특정 지역에서 무작위로 선발하여 연구에 참여시키는 것도 어려운 일이며, 그들이 어려움을 보이는 인지적, 정서적, 사회적, 언어적, 신체적 영역을 평가하여 표준 점수를 산출하는 것도 많은 치료사들과 평가 전문가들, 시간, 비용 등이 필요하다. 물론 표준화 도구의 개발이나 표준 점수 산출은 짧은 시간 안에 완성될 수 있는 과정이 아니며 꾸준한 노력과 개발에 대한 집념이 규준 지향적 진단평가를 만드는 필수 조건이라고 하겠다.

한편 규준 지향적 진단평가는 미리 설정해 놓은 기준이나 목표에 시험 응시자의 수행을 비교함으로써 점수를 얻는 목표 지향적 검사(criterion-referenced test)와 구분된다.

5) 목표 지향적 진단평가

목표 지향적 진단평가(Criterion-referenced assessment)는 규준 지향적 진단평가와 결과를 해석하고 비교하는 기준 점수의 설정 면에서 구분된다. 목표 지향적 진단평가는 치료사가 미리 설정해 놓은 기준(standard)이나 목표(goal)에 대상자의 결과가 도달했는지의 여부를 비교함으로써 점수를 얻게 된다. 목표 지향적 검사에서는 특정한 목표나 수행 기준을 모든 응시자들이 달성할 수도 있고 모두 달성하지 못 할 수도 있다. 최근에는 규준 지향적 접근방법보다 더 널리 사용되고 있는데 이는 목표 지향적 접근이 더 공정하고 책임감 있는 방식으로 인식되기 때문이다.

목표 지향적 진단평가에서 중요한 것은 대상자가 다른 사람들보다 얼마나 더 잘 했느냐가 아니라 설정된 기준을 얼마나 충족하며 달성했는가이다. 이는 음악치료에서 시행되는 진단평가의 목적과도 많은 부분에서 일치하는 특성인데, 음악치료의 진단평가는 각 대상자가 보이는 기능의 수준이 치료사가 기준으로 하고 있는 일정 단계에 도달하고 있는지 아닌지를 평가하여 가장 부족한 부분을 분석하고 지원하는 목적을 가지고 있기 때문이다. 이때 기준으로 인식할 수 있는 수준이나 단계를 설정하는 일은 매우 복잡하고 의견 일치를 유도하기 어려운 과제가 된다.

적절한 기준을 설정하고 그것을 평가하는 일에는 치료사의 주관적 판단이 커다란 비중을 차지하고 있다. 음악치료 서비스가 제공되는 다양한 대상자들의 다양한 영역에 걸친 기능을 어떤 기준에 근거하여 문제나 부족함의 여부를 결정할 수 있는가는 진단평가 과정에서 자주 제기되는 질문이기도 하다. 일반적으로 교육 현장에서는 전문가 집단에 의해 각 해당 학년에서 학습되어야 하는 기준이 명확하게 설정되어 학생들이 그 기준을 달성했는지의 여부를 판단하게 된다. 그러나 음악치료 현장에서 전문가들이 설정해 놓은 기준에 의해(그것이 가능한 일인지는 또 다른 이슈가 된다.) 대상자를 판단하는 것이 어떤 의미가 있을 것인가는 반드시 짚고 넘어가야 할 문제이다. 이것에 대한 해답은 음악치료의 진단평가 목적이 무엇인지를 확인함으로써 얻을 수 있다.

음악치료에서의 진단평가는 대상자의 현재 상태와 기능 중에서 강점과 약점을 파악하고, 분석하여 가장 시급히 보완되어야 할 영역을 결정하는 것에 그 목적을 두고 있다. 즉, 한 대상자가 다른 대상자와 비교되는 것보다는 그 대상자 자신 안에서의 비교를 통해 진단평가의 의미를 찾을 수 있기 때문에 모든 사람들에게 보편적으로 적용될 수 있는 평가 기준이 절대로 필요한 것은 아니다. 그러나 치료사가 일관된 판단의 기준을 유지하고 적용하기 위해서는 꾸준한 노력과 자기평가가 필요하다고 하겠다.

6) 관찰에 의한 진단평가

일반적으로 관찰을 통한 진단평가(Observational assessment)는 치료사나 교사에게 유용하고 시행이 용이한 방법으로 인식될 수 있다. 교육 현장에서는 교사가 아동에게 무엇이 학습되었는지를 결정하고, 교수법을 증진시키며, 아동의 진보를 지원하기 위해 아동의 발달 수준과 지식, 기술 그리고 태도 등을 체계적으로 관찰하고 정보를 기록하는 과정이다. 치료 현장에서도 유사하게 치료사가 대상자의 반응이나 보이는 문제점들, 발달 수준이나 기술 등의 상태, 강점과 약점 등을 관찰하여 치료의 목적 설정을 비롯한 모든 과정에 반영함으로써 치료의 효과를 높이려는 목적으로 시행된다.

어떠한 경우에서건 관찰에 의한 진단평가는 반드시 객관적으로 제시될 수 있는 자료로 기록되어야 하는데 간단하게는 목록대조표나 간단한 메모 등이 사용될 수 있으며, 좀 더 체계적으로는 특정 도구나 이론에 의한 관찰 도구를 사용할 수 있다. 효과적인 관찰을 통한 진단평가는 아동의 행동이 일어난 순간에 기록하는 것을 포함한다. 그러나 관찰의 방법과 그 결과를 기록하고 해석하는 과정에는 치료사의 주관이나 철학, 이론 등이 많이 개입될 수 있다. 이때 적절하게 훈련을 받은 관찰자들은 한쪽으로 치우치는 편견 없이 대상자의 행동을 체계적으로 기록하여 묘사하며 기록된 행동들에 대해 최소한의 추론만이 필요하도록 할 수 있다.

실제로 음악치료 현장에서 치료사는 음악치료 활동 중에 일어나는 대상자의 반응이나 문제점 등을 관찰하여 진단평가의 근거로 사용하는데, 현실적으로 한 사람의 치료사가 활동 인도와 관찰을 동시에 진행하는 것에는 다양한 제한점이 나타날 수 있다. 또 그룹 형태의 치료에서도 그룹의 모든 대상자를 동시에 진단평가하는 것도 현실적으로 불가능한 일이어서 중요한 정보를 놓치거나 잘못 인식하여 잘못된 의미를 부여하는 오류를 범하기 쉽다. 따라서 치료사는 그룹의 형태나 관찰 대상자의 특성, 치료 환경 등을 고려하여 어떤 역할을 하며 관찰을 할 것인가를 선택하여야 한다.

한편 관찰 시 관찰자의 역할에 따라 얻어지는 정보의 양과 질에는 차이가 있을 수 있는데, 관찰자는 적극적 관찰자, 참여 관찰자, 관찰 참여자, 적극적 참여자 등으로 역할을 나눌 수 있다. 적극적 관찰자와 적극적 참여자는 치료사와 관찰자 역할을 각각 분담할 수 있는 두 명의 치료사가 할 수 있는데 한 명의 치료사는 전적으로 활동을 진행하는 반면에 다른 치료사는 활동에서 완전히 배제되어 관찰과 결과 기록만을 하는 역할을 담당하게 된다. 이러한 경우 객관적이고 자세한 관찰이 가능할 수 있지만 한편으로는 활동 참여 시에 느낄 수 있는 대상자와의 상호 관계나 역동적 상황을 묵과하여 대상자의 반응을 과소평가하거나 과대평가할 수 있다. 그러나 이 방법은 각자가 맡은 역할만을 완벽하게 수행하기 때문에 치료의 질이나 관찰된 정보의 신뢰도가 비교적 높다고 할 수 있다.

반면에 참여 관찰자와 관찰 참여자는 치료사 한 사람이 관찰과 활동 참여를 동시에 진행하는 것을 의미한다. 물론 활동의 진행은 치료사에 의해 전적으로 진행되고 관찰자가 보조 치료사로서 활동에 함께 참여하며 관찰하고 기록하는 경우도 있을 수 있다. 참여 관찰자의 주 역할은 관찰에 더 치우치며 관찰 참여자는 반대로 관찰보다는 활동의 보조나 진행을 우선으로 한다. 이런 경우에는 전적으로 관찰만을 진행하여 기록하는 경우보다 관찰의 결과에 대한 높은 신뢰도를 기대하기 어렵고 치료사 혼자서 수행해야 할 임무가 더 증가하게 된다. 따라서 치료사는 자신의 상황과 대상자의 특성을 고려하여 가장 적절한 방법을 선택하여 적용하는 것이 바람직하다.

위에 열거한 다양한 제한에도 불구하고 많은 영유아 교육자들은 관찰에 의한 사정이 어린 아동들을 사정하는 데 가장 타당한 형태의 도구라고 믿고 있는데, 이는 아동들이 자신이 알고 있는 것을 기존의 지필검사를 통해 보여 줄 수 있는 능력이 제한적이기 때문이다.

2. 진단평가 시행 목적에 따른 유형들

음악치료에서 진단평가를 시행하여 얻을 수 있는 정보는 대상자의 현재 상태뿐만 아니라 과거의 경험 및 개인사 그리고 미래에 충족되어야 할 대상자의 기능과 수준 등 매우 다양하다. 이러한 다양한 정보들은 시행되는 진단평가 도구의 목적이 무엇이냐에 따라 정보 수집의 초점이 다르게 적용될 수 있기는 하지만 일반적으로 진단평가 도구는 복합적인 목적을 가지고 음악치료 현장에서 사용된다. Wheeler 등(2005)은 Bruscia(2002)가 규명한 음악치료 진단평가 도구의 다섯 가지 목적에 대해 다음과 같이 설명하고 있다.

1) 진단적 진단평가

이름이 의미하는 바와 같이, 진단적 진단평가(Diagnostic Assessment)는 대상자에게 나타난 질병의 원인, 증상, 심각성, 예후 등과 같은 병리적 요인에 우선적으로 초점을 둔다. 음악치료 진단평가가 이러한 특성을 가지고 시행될 때, 음악적 요소에 의한 평가 기준은 대상자가 특정 질병과 관련된 상태인지, 어떤 상태를 보이고 있는지, 또는 대상자가 그 상황을 어떻게 경험하고 인식하는지를 판단하고 결정하기 위한 목적을 갖게 된다. 또한 치료가 시행되기 전에 대상자의 강점과 약점, 기능, 수준 등을 확인하여 대상자만의 독특한 필요를 충족시킬 프로그램을 설정하고 조정하게 된다.

한 가지 분명한 것은, 음악치료사에 의한 진단적 진단평가는 다른 의료 전문가에 의해 이루어지는 '진단'과는 구별되어야 한다는 점이다. 음악치료사가 질병이나 장애를 진단 내릴 수 없으나 다른 전문가들이 내린 진단을 확인하거나 기존의 진단 방법에 부적합한 대상자를 비언어적인 음악으로 평가하여 전문가들의 진단을 돕고 보완할 수 있다. 때문에 음악치료사가 진단적 진단평가를 통해 제공하는 대상자에 관한 정보는 음악치료 활동을 통해서 발견되는 독특성을 가지고 있어야 하며 대상자를 이해하는 데 가치 있는 기능을 수행하여야 한다.

2) 해석적 진단평가

진단평가의 두 번째 일반적인 목적은 해석적인 것(Interpretive Assessment)인데, 이는 "대상자의 문제들을 특정 이론이나 구조, 또는 지식의 맥락에서 설명하려는 노력"이다(Bruscia, 1988, p. 5). 해석적 진단평가의 첫 번째 단계는 대상자가 음악을 만들고 음악에 대해서 반응하는 것을 표집하는 것이고, 두 번째 단계는 선택한 구조나 이론에 근거하여 이러한 반응들의 의미를 유추하는 것이다. 진단평가 도구는 특정 이론을 기반으로 고안될 수도 있고 혹은 대상자의 반응들을 가장 잘 설명할 수 있는 다양한 이론들에 근거하여 해석할 수 있도록 하는 일반적 도구일 수도 있다.

3) 서술적 진단평가

세 번째 목적인 서술적 진단평가(Descriptive Assessment)는 대상자와 대상자의 세계를 단지 그 자신과 연관하여 이해하려는 노력을 의미한다. 따라서 이러한 서술적 진단평가에서는 음악적 경험이 대상자 자신이나 삶과 관련된 다른 측면들과의 관계 안에서 의미를 갖게 된다. 서술적이라는 말은 치료사와 환자가 치료 과정 안에서의 경험을 말로써 바꾸어야 한다는 어려움을 내포하고 있다. 흔히 음악

심리치료적 접근법에서 많이 사용되는 이 방법은 질적 연구 방법으로 간주되기도 하는데, 음악치료 경험을 이해하는 필수요소는 그 음악적 과정의 해석과 전환을 통해 그 경험에 어떻게 의미를 부여했는가를 깨닫는 것이다(Loewy, 2000). 그러나 이러한 경험의 의미를 어떻게 언어적으로 전환하여 기록하느냐에 대한 분명한 모델이 부족하므로 많은 음악치료사들은 서술적 진단평가를 시행하면서 어려움에 직면하게 된다.

4) 규정적 진단평가

진단평가가 가지고 있는 또 다른 목적은 대상자에게 치료가 필요한지 결정하고 목적을 설정하기 위한 자료를 제공하며, 대상자를 위한 적절한 프로그램을 결정하고, 치료의 가장 효과적인 방법을 규명하는 것이다.

규정적 진단평가(Prescriptive Assessment)는 다양한 목적을 갖고 있는데, 예를 들어 대상자를 위해 음악치료가 필요하고 대상자가 음악치료를 원하는지, 음악치료에 참여하는 데 문제는 없는지, 어떤 음악치료 방법이 가장 적절한지, 대상자의 나이와 발달 단계에 가장 적절한 자료들은 무엇인지, 혹은 기존의 음악치료 프로그램에 대상자가 합류하기 위한 조건은 무엇인지 등을 결정할 수 있다.

5) 평가적 진단평가

음악치료의 진단평가는 평가적 목적을 가지고(Evaluative Assessment) 시행될 수도 있다. 이는 대상자의 치료를 통한 진보를 결정하기 위한 기초선 설정을 목적으로 이루어진다. 이러한 유형의 진단평가들은 음악치료가 시작되기 전에 대상자에 대한 정보를 수집하는 것에 초점을 두며, 이렇게 수집된 데이터는 치료의 효과를 결정하는 기초선으로 사용된다.

제5장

진단평가의 접근법

앞장에서 우리는 진단평가의 목적이나 유형에 따른 분류를 살펴보면서 어떠한 목적으로 진단평가가 시행되는지와 진단평가의 도구가 시행되는 방법에 따라 다양한 명칭으로 구분되고 있음을 알 수 있었다. 진단평가에 대한 또 하나의 분류는 진단평가를 시행하고 기록하는 관점에 따른 분류가 있다. 임상 현장에서 음악치료사들은 각자의 교육 배경이나 개인적 철학에 근거하여 치료 활동을 계획하고 적용하기 때문에 치료 목적 설정에 가장 필수적인 요소인 진단평가 시행에도 많은 영향을 받게 된다. 이러한 점은 음악치료에서 진단평가 과정이 매우 필수적인 요소라는 것에는 의심의 여지가 없으면서도 도구의 형태나 체계에 대해서는 같은 대상자와 같은 영역을 진단평가할지라도 치료사 간에 쉽게 일치를 보지 못하는 이유가 된다.

가장 대표적인 접근법으로는 양적 접근법과 질적 접근법, 또는 행동주의적 접근법과 심리적 접근법이 있다. Loewy(2000)는 최근에 음악치료사에 의해 주로 사용되고 있는 진단평가 도구들이 특정 행동적 과제에 초점을 두는 형태가 많은데, 이러한 접근법은 음악치료사와 대상자 간에 자연스럽게 일어날 수 있는 음악적 관계의 역동성을 다루지 못하는 반면 이러한 부분과 관련된 음악심리치료적 진단평가 도구들은 거의 없다고 주장하였다.

1. 양적 진단평가와 질적 진단평가

일반적으로 우리가 쉽게 그 차이를 구분할 수 있는 음악치료의 대표적 접근법은 '양적 진단평가(Quantitative assessment)'와 '질적 진단평가(Qualitative assessment)'가 있다. 이 두 접근법이 반대 개념을 의미하는 것은 아니지만 그 적용에 있어 확연한 차이를 보이기 때문에 많이 비교되어 분류된다. 양적 진단평가는 기본적으로 숫자나 수학, 또는 그래프를 사용하는 보고 체계를 광범위하게 사용한다. 따라서 보통 계산 과정을 동반하는 경우가 많으며 이 과정에 의한 결과는 의미를 전달하는 데 객관적이고 분명한 정보를 제공한다. 표준화된 검사는 이러한 숫자적 평가 체계에 의존하고 있으며 결과의 의미 해석도 숫자적으로 보고된다. 그러나 숫자적 보고는 관찰된 반응의 의미를 충분히 전달하는 데 취약하여 숫자로 설명될 수 없는 부분에 대해 많은 부연 설명이 요구된다.

반면에 질적 진단평가는 표준화된 검사나 반응을 측정하는 도구를 사용하기보다 관찰과 상호 교류를 이용하는 접근방법으로 설명할 수 있다. 질적 진단평가는 평가하는 치료사의 지식 체계, 경험, 판단에 근거하여 이루어지는데 일반적으로 구어적 보고 체계를 가지며 치료사의 개인적 경험에 의존한다. 따라서 치료사의 주관이나 편견이 그 결과에 영향을 미치기 쉽고 그 결과에 대한 신뢰도에 문제가 제기될 수 있다는 위험이 있다. 그러므로 이러한 질적 진단평가를 사용하기 위해서는 언제나 같은 기준으로 평가할 수 있도록 작성에 필요한 분명한 지침과 형식이 필요하다.

Loewy(2000)는 음악치료의 경험은 질적 연구의 논리적 해석법을 따라 말로써 표현될 수 있는데, 이는 임상적 묘사가 기술되고 연구되고 수정, 보완될 때 그 경험의 과정을 이해하고 의미 있는 이론의 틀 안에 그것을 적용할 수 있는 능력을 증진시키기 때문이라고 주장하였다. Taylor(1997)도 질적 연구는 음악의 신비하고 설명할 수 없는 부분을 표현하도록 하며 각 연구자 개인의 가치와 생각에 의해 방법이 결정된다고 설명하였다. 그러나 많은 연구가들이 이 접근법에 대한 문제점을 지적하고 있으며 질적 연구 방법으로 진단평가 도구를 만들려는 음악치료사들은 그 연구 방법의 신뢰도와 타당도를 증명해 보여야 하는 의무를 지게 된다. 다른 임상관련 전문인들에 의해 규명된 특정 변인이 부족한 평가 도구는 결국 음악치료의 치료적 효과를 예견하고 임상 현장에서의 사용을 정당화하는 것을 어렵게 만든다.

따라서 Taylor(1997)는 의학적, 혹은 과학적인 근거를 둔 전문 영역에서 음악치료가 그 효과를 인정받고 전문 영역으로 자리 잡기 위해서는 연구의 디자인, 방법, 분석의 과정이 반복 가능하고 신뢰할 수 있는 결과를 산출할 수 있도록 잘 통제되고 타당도 높은 연구 기반을 필요로 한다고 주장하였다.

2. 행동주의적 접근법과 심리적 접근법

음악치료는 다양한 철학과 이론의 바탕 아래 계획되고 시행된다. 음악치료사는 각자 자신이 신뢰하는 이론에 근거하여 대상자에게 가장 적절하다고 생각되는 방법으로 치료의 목적을 달성하게 된다. 이 과정에는 대상자를 진단평가하는 과정도 물론 포함되는데 치료가 시행되는 기관에서 특정 접근법이나 도구를 요구하는 경우를 제외하면 음악치료사가 선택하고 사용하는 진단평가 도구의 유형이나 종류도 그들의 철학적 영향을 많이 받게 된다.

1) 행동주의적 진단평가

음악치료 발달과 함께 오랜 시간 동안 음악치료사들에게 영향을 끼쳐 온 행동주의적 진단평가(Behavioral assessment)에 근거하여 시행되는 진단평가는 문제 행동과 그 행동을 유지시키는 요소들을 규명하고, 효과적인 치료를 선택하고 평가하고 보완하는 데 그 목적이 있다. 이 접근법에서 행동은 잠재하는 원인에 대한 추론 없이 실제 관심 있는 행동군을 말하며 그 행동들과 특정 환경 요소들과의 관계에 초점을 둔다. 따라서 행동에 대한 시간적이고 상황적 근거들을 평가하는 것은 그 행동을 유지하고 일반화를 촉진하는 사건들을 좀 더 고려할 수 있도록 한다.

일반적으로 행동과 그것을 통제하는 주요 요소는 S(stimulus), O(organism), R(response), K(contingency), C(consequences) 등으로 분류되어 왔다. S는 문제 행동을 유발하는 환경적 선행사건을 의미하며, O는 과거 학습에 기인한 개인적 차이와 그 사람의 생리적 상태를 의미한다. R은 문제 행동 자체를 구성하는 요소들을 의미하며, K는 그 반응에 대해 효과를 내고 있는 다양한 부속 사건이나 조건들을, 그리고 C는 문제 행동으로 인해 일어난 결과를 지칭한다. 이 결과는 미래에 유사한 상황이 발생하게 될 때 행동의 빈도, 형태, 비율 등을 결정하게 된다. 예를 들어, 아이가 백화점에서 우연히 마음에 드는 장난감을 발견하게 된다(선행자극). 아이는 엄마에게 사달라고 조르면서 점점 감정이 격해지고(생리적 상태) 울기 시작한다(반응). 놀라고 주위의 눈총을 의식하는(부수적 조건) 엄마는 장난감을 사 주게 된다. 즉, 우는 반응이 장난감을 획득할 수 있는 결과를 유발하게 된 것이다(결과). 이 결과는 아이가 다음에 같은 환경에 처했을 때 다시 우는 반응을 유발시키는 선행적 경험이 되며 부정적 행동의 발생을 반복하여 일으키게 한다.

행동주의 관점에서의 행동 변화는 어떤 행동을 계속 유지하도록 하거나 중단하도록 만드는 특정의 강화를 받고 있느냐 받고 있지 않느냐에 따라, 또한 얼마나 자주 강화자극을 받을 수 있느냐에 따라 결정된다. 이렇게 행동의 발생을 눈에 보이는 행동에만 초점을 맞춰 분석하고 조절하려는 접근은 그 행동을 유발하는 대상자의 정신이나 심리는 철저히 외면하기 때문에 비난을 받기도 하지만 인간의 행동을 학습에 의한 것으로 보고 새로운 행동을 가능케 하거나 문제 행동을 감소시키는 조건을 일부러 형성하여 학습하도록 함으로써 행동을 통제하려는 접근은 교육 현장에서 특히 오랫동안 효과적으로 사용되어 왔다.

Taylor(1997)에 의하면, 행동주의적 접근법에서의 음악은 조작적 조건화를 통해 대상자의 행동을 수정하는 요소로 사용되거나 강화재로 사용된다. 그러나 비록 이러한 접근법이 음악치료 임상 현장에서 효과적인 치료 전략으로 계속 사용되어 왔고, 대상자의 행동에 영향을 미치는 중개자로 지속적이고 즉각적인 효과를 제공해 왔지만, 그는 이 접근법의 고유적 문제는 표적 행동이 발생한 후에 음악적 자극이 강화재로서 강조되기 때문에 음악의 치료적 효과를 설명하기 매우 어렵다고 주장했다.

Standley, Johnson, Robb, Brownell, Kim(2004)은 행동주의적 접근법이 교육적 현장과 보건 체계 안에서 대상자들의 모든 단계에서 주목할 만한 효과를 보이며 널리 사용되어 왔다고 주장했다. 그들은 과제 분석(task analysis)이나 지시(prompts), 소멸(fading), 연결(chaining), 착오 없는 학습(errorless learning), 점근법(successive approximations), 모델링(modeling) 등의 많은 기법들이 적절한 행동 반응을 가르치고 권장하기 위해 사용되어 왔으며 많은 연구에서 그 효과가 검증되면서 대상자를 치료하는 음악치료 방법에 있어서 많은 발전을 가능케 했다고 주장했다.

특히 그들은 이 행동적 접근법을 네 가지 중요한 행동 원칙으로 설명하고 있다. 첫 번째 단계는 행동이나 인지적, 정서적 과정을 나타내는 원인을 관찰하고, 규명하고, 수정하며, 계산하는 단계인데 일단 표적 행동이 규명되면 관련된 정보를 기록하기 위해 관찰이 이루어진다. 다음 단계는 여러 부수적 조건들을 환경에 제공하여 대상자의 행동을 바람직한 방향으로 수정하는 데 영향을 미칠 수 있도록 하는 것이다. 그리고 행동적 치료 프로그램의 마지막 단계는 표적 행동에 대해 지속적으로 치료 사후까지 관찰하여 프로그램의 효율성을 평가하는 과정으로 나타난다.

행동주의적 진단평가는 치료 계획의 효과를 평가할 수 있는 도구가 된다. 일단 목표 행동이 규명되면 그 행동에 대한 수집된 데이터는 치료 효과를 측정할 수 있는 사전 준거가 된다. 그러므로 이러한 행동적 기법이 초기 음악치료사들에 의해 널리 받아들여진 이유에 대해 이 기법들이 음악치료 효율성을 보여 주는 객관적 자료를 쉽고 효과적으로 제공하기 때문으로 설명하고 있으며, 이러한 책임감 있는 방법이 필수적인 요소가 될 것이라고 주장하였다. 행동주의적 진단평가 결과는 치료를 계획하고 평가하는 기본이 된다. 그러나 적절한 치료 방법을 선택할 때 일반적으로 사용될 만한 모델이 없기 때문에 변해야 하는 행동을 선택하고 가장 효과적이고 효율적인 치료 방법을 선택하는 단계가 행동주의적 평가에서 가장 어려운 부분이다.

2) 심리적 진단평가

행동주의적 진단평가가 특정 목표 행동과 그것의 변화에 초점을 맞춘다면 심리적 진단평가(Psychological assessment)는 대상자의 강점과 약점의 개요를 묘사하고 지능적 기능의 전반적 수준을 설정하는 데 초점을 맞춘다. 즉, 눈에 보이는 행동만으로는 대상자의 상태를 정확히 알 수 없으며 단순한 행동 변화만이 대상자의 문제를 해결하는 것이라고 단정할 수 없다고 주장하는 입장이다. 심리적 진단평가는 특정 영역의 기능을 조사하는 심리검사와는 다르게, 특정 검사뿐 아니라 임상적 인터뷰, 관찰, 결과 해석, 환자 서류 검토, 치료를 위한 제언 등을 포함한다. 심리적 진단평가는 검사를 시행하고, 점수를 매기고, 그 결과를 해석하는 과정을 포함하는데 이 모든 과정들은 대상자 개인의 상황에 근거해 이루어져야 하며, 심리적 진단평가의 목적은 개인의 강점과 약점의 전체적 개요를 만들어 그 대상자의 학습과 자기통제 및 조절을 획득할 수 있는 잠재력을 극대화하는 데 사용하기 위한 것이다.

3) 정신 역동적 접근법

정신 역동적 접근법(Psychodynamic approach)에 뿌리를 둔 음악치료에서는 음악 경험이 치료사와 대상자 간의 상호 교류적 과정뿐만 아니라 치료적 변화 과정 자체의 변화를 촉진시킨다고 주장하며 (Bruscia, 1998b), 이 접근법에서는 종종 의식과 무의식, 전이와 역전이가 그 과정을 설명하기 위해 강조되고 대상자 내부에서 일어나는 본능과 자아, 초자아들 간의 역동성과 대상자와 치료사 간, 또는 대상자들 간의 역동성을 촉발시켜 문제 해결을 유도하기 위해 음악을 사용한다. Isenberg-Grzeda, Goldberg, Dvorkin(2004)도 정신역동적 음악치료의 목적은 "현재 대상자의 기능에 방해를 하고 있는 과거와 무의식적 요소를 밝히고 작업을 하는 것"(p. 97)이라고 하였고, 대상자와 음악, 음악치료사 간의 관계가 치료적 과정의 필수요소로 간주되어야 한다고 주장하였다.

Bruscia(1988)는 음악치료 진단평가의 독특성을 설명하면서, 음악과 같은 예술 양식은 자기표현과 의사소통의 언어적 수단과 비언어적 수단 사이의 교량을 제공하기 때문에 치료의 과정을 통해서든 혹은 대상자가 만들어 내는 결과를 통해서든 대상자 자신을 표현하게 된다고 주장하였다. 그에 따르면 대상자는 치료 과정 속에서 다양한 수준의 자기노출(self-disclosure)을 하면서 내면의 문제를 해결하게 되는데 일반적으로 네 단계로 나누어 관찰된다. 첫 번째 단계는 자기노출의 가장 낮은 단계로서 단순히 비언어적 예술 매체(예를 들면, 리듬, 가사 없는 멜로디, 동작 등)를 통해 자신을 표현하고 그 이상의 것들을 의미화하거나 상징화하지 않는 것을 말한다. 두 번째 단계는 역시 비언어적 표현을 보이지만 리듬적 교류나 동작, 또는 대상자의 감정을 은유적으로 표현하는 등의 상징화나 의미화를 보이는 단계이다. 세 번째 단계에서 대상자는 자신의 경험이나 감정을 언어로 표현하게 되는데 직접적이기보다는 우회적인 가사나 상징적 역할 표현, 시 등의 방법을 사용하게 된다. 마지막 네 번째 단계는 대상자 자신의 감정이나 갈등, 문제 등을 직접적으로 표현하고 토론하면서 현재 직면한 문제를 해결하는 과정이다. 각 단계의 반응들은 치료사의 지속적인 진단평가 과정 속에서 관찰되고 해석되기 때문에 장기적인 연속선상에서 진단평가가 시행된다.

그러나 행동적 접근법과는 달리, 심리적 접근법에 근거한 진단평가에서는 음악치료사가 어떻게 음악적 경험을 묘사하는지를 이해하도록 도울 수 있는 분명한 연구 모델이 존재하지 않으며, 기존의 진단평가 도구들은 음악의 기술적 측면이나 다른 분야의 도구에 초점을 두고 있는 것으로 보여진다(Loewy, 2000). 따라서 타당한 측정 결과를 얻기 위해 임상적 수정이 불가피할 경우도 있으며, 유용한 정보를 얻기 위해 평가자는 틀에 얽매이지 않는 방법을 사용하거나 획일화되고 표준화된 실시 방법을 포기해야 할 수도 있다.

Isenberg-Grzeda(1988)는 치료사의 치료적 틀이나 세계관이 진단평가 방법에 강하게 영향을 미친다고 주장하면서 행동주의적 접근법과 정신분석적 접근법을 다음과 같이 비교하고 있다.

> "일반적으로 행동주의에 기반을 둔 음악치료사는 대상자가 음악에 대해 보이는 관찰 가능하고 수량화할 수 있는 반응에 무게를 두고 진단평가하려는 경향이 있는 반면 간접적으로 추론되는 사항에는 큰 비중을 두지 않을 것이라고 추측할 수 있다. 정신분석적 접근을 지향하는 치료사는 음악적 산출물을 대상자의 무의식적 동기와 환상의 내면세계를 진단평가하는 투사적 도구로써 보려는 경향이 더 강할 것임을 기대할 수 있다." (p. 163)

3. 기타 접근 방법들

1) 범주적 접근법

범주적 접근법(Categorical approach)은 대상자가 특정 진단 기준에 맞는지를 결정하는 데 사용된다(Power, Dupaul, Shapiro, & Kazak, 2003). 이 접근법은 개인이 어떤 장애를 가졌는지 아닌지를 규정에 따라 제외해 가는 이분법적 범주로 구성되어 있다(Volkmar, Klin, Marans, & McDougle, 1996). 우리가 자주 사용하는 정신장애 진단 통계편람(Diagnostic and Statistical Manual of Mental Disorder: DSM)이나 국제질병분류 10편(International Classification of Diseases: ICD-10th) 등이 이 접근법에 근거한 진단 체계들이다(Power et al., 2003; Volkmar & Marans, 1999; Volkmar & Cohen, 1994; Volkmar, et al., 1997). 자폐의 경우를 예로 들면, 범주적 접근법은 초기 지체의 발병과 비정상적인 사회적 의사소통 발달, 그리고 다양한 비정상적 행동 등에 초점을 두고 있다(Volkmar & Cohen, 1994; Volkmar & Marans, 1999). 따라서 개인의 결점이 이러한 각 영역의 기준에 맞으면 자폐로 진단내려질 수 있는 것이다.

이 접근법은 대상자를 평가하는 데 필요한 특정 증상들과 영역들을 묘사함으로써 사정의 틀을 제공하며, 확인된 결과는 임상가들에게 심각한 기능적 손상을 주지시키고 잠재적으로 유용한 치료를 제공한다. 그러나 많은 심리학자들은 행동에 영향을 미치는 생리적,

병인론적, 발달적, 문화적 요소들이 그룹 내에서도 다양하기 때문에 이 접근법을 비판하기도 한다. 이 접근법은 표면 증상만을 강조하므로, 개인의 문제점과 증상의 점차적 심각도를 알려 주는 체계적 요소에 대한 정보를 제공하지는 못한다.

2) 차원적 접근법

범주적 접근법과는 대조적으로, 차원적 접근법(Dimensional approach)은 진단뿐 아니라 다양한 차원에서 대상자의 변화를 찾아내고 관찰하는 목적으로 사용된다(Volkmar & Marans, 1999). 이 접근법은 부모나 교사의 보고나 잘 구조화된 상황 안에서 관찰을 통해 내려지는 진단과 관련된 기능과 기능장애의 범위를 조사하면서 전형적으로 신체적, 인지적, 행동적, 정서적, 사회적 기능들의 다양한 면과 관련된 영역들을 적응의 수준에서 비적응의 수준, 혹은 장애부터 비장애에 이르는 연속된 범위 안에서 사정하도록 한다(Power et al., 2003).

이 접근법은 강점과 제한점을 모두 가지고 있는데, 일반적으로 규준 지향적이기 때문에 대상군 그룹 내에서의 증상의 심각성을 결정하는 데 매우 유용하고 다양한 정보를 얻을 수 있으며, 대상자로부터 실제 생활에서의 그 개인의 기능에 대한 정보를 수집할 수 있다. 그러나 반면에 관찰이나 정보자로부터 수집된 정보에 대한 신뢰도는 종종 문제가 되기도 하며, 이러한 방법들은 행동의 기능과 의미에 대해서는 거의 정보를 제공하지 못한다. 따라서 가능한 체계적이고 객관적인 데이터 수집 방법을 사용하여 이러한 약점을 보완할 필요가 있다.

3) 기능적 접근법

기능적 접근법(Functional approach)은 문제 행동을 유지시키는 환경적 조건들을 조사하고(Power et al., 2003) 개인의 능력과 수행 정도가 그 사람의 환경적 상황이 요구하는 것과 어느 정도 맞는지에 초점을 두는 방법이다(Bedell, Hunter, & Corrigan, 1997). 일반적으로 문제 해결 과정으로 간주되며, 이렇게 얻어진 정보들은 특정 상황 속에서 특정 아동에게 가장 효과적으로 보이는 치료 방법을 결정하는 데 사용된다.

일반적으로 그 과정은 다음의 단계를 거치게 된다. 첫째 단계에서는 변화가 필요한 행동을 규명하고 그 행동에 대한 자료를 수집한다. 그리고 수집된 자료를 가지고 행동을 유발하는 원인에 대한 가설을 설정한다. 다음 단계에서는 원하는 방향으로 행동을 변화시키기 위한 적절한 치료 방법을 개발하여 대상자의 행동 변화가 바람직한 방향으로 일어날 수 있도록 하고 문제 행동이 제거되도록 돕는다(PACER Center, 1994).

기능적 접근법은 치료 계획 시에 데이터를 사용할 수 있다거나, 자연스러운 환경 안에서 행동을 조사할 수 있다거나, 또는 특정한 진단의 범위를 넘어 개인의 차이를 인식할 수 있도록 하는 등의 긍정적 특성을 가지고 있다(Power et al., 2003). 이러한 이유로 이 접근법은 아동의 부적절한 행동을 교사나 부모가 이해하고 효과적인 치료 계획을 세우도록 돕는 데 사용되어 왔다.

그러나 이러한 방법은 시간과 노력 등의 방법적인 면에서 현실적 제약이 있으며, 정서적 문제를 지적하는 데 사용하기에는 한계가 있다. 왜냐하면 문제적 행동의 기능과 진단 상태와는 비교적 적게 관련된 정보나 외면적 문제점들이 목표가 되어 왔기 때문이다.

4) 생태적 접근법

이 접근법(Ecological approach)은 개인의 기능을 그 사람의 발달에 영향을 미치는 것으로 보는 구조 안에서 평가하려는 의도로 사용된다. 이 접근법은 아직 발달 초기 단계에 있으며, 이 체계의 심리측정적 특성은 행동을 좀 더 신중히 검토하는 차원적 접근법보다 빈약하다(Power et al., 2003). 반면에 연구자들은 이 방법이 부모와 교사의 의사소통 또는 학교와 가정에서의 부모와 교사의 참여 등과 같은 구조들 간의 관계를 이해하는 데 이용될 수 있다고 주장하며, 그것은 아동의 삶 속에서 아동의 기능과 중대한 관계에 영향을 미치는 전후 관계상의 요소들에 대한 정보를 제공한다.

아동의 교육에서 부모를 포함한 가족의 참여와 역할은 그 교육의 성패를 좌우하는 결정적인 요인의 하나이다. 특히 하루 대부분의 시간을 집에서 부모와 함께 보내는 어린 나이의 아동이나 장애로 인하여 부모 참여의 필요성이 더욱 가중되는 장애아를 교육하기 위해서는 부모 참여의 중요성이 더욱 강조되고 있다. Bronfenbrenner

(1975)에 따르면 가정은 아동의 성장 발달을 촉진시키기 위한 가장 효과적이고 경제적인 '구조(system)'이며, 가족 구성원의 적극적인 참여는 교육 프로그램의 성공을 위한 결정적인 역할을 한다는 결론에 이르게 된다.

특히 부모-자녀 관계에 있어서 부모가 자녀에게 일방적으로 영향을 미친다는 과거의 이론적 믿음이 사라지고 부모와 자녀가 양방향으로 서로에게 영향을 미친다는 현재의 이론적 논리가 보편화되면서 아동 교육에서 가족의 참여는 더욱 중요하게 인식되기 시작했다. 아동을 바라보는 견해에서도 부모와 자녀를 넘어서는 더 넓은 구조의 이웃과 지역사회 안에서의 영향력을 강조하는 생태학적 모델(Bronfenbrenner, 1979)이 형성되었고, 가족은 하나의 조직적인 단위로 존재하며 서로 균형을 이루기 위해서 갈등하고 시간이 지남에 따라 점점 더 복잡해지며 구성원들은 지속적으로 상호 영향을 미친다는 구조이론(system theory)(Whitchurch & Constantine, 1993)도 등장하게 되었다. 이러한 새로운 견해들을 근거로, 장애 아동은 가족에게 영향을 미친다는 사실이 재인식되었으며, 이로 인하여 특수교육은 장애 아동과 함께 생활하고 있는 가족들도 지원해야 한다는 당위성이 형성되었다.

제6장

진단평가 영역

다양한 음악치료 진단평가의 접근 방법과 유형들은 음악치료사가 어떤 영역을 진단평가해야 하는가에 대해 혼란을 야기할 수 있다. 대부분의 음악치료사들은 음악치료의 진단평가가 대상자의 음악 외적인 기능 영역을 평가하는 것이라는 것에 의견 일치를 보이고 있다. 그러나 어떤 치료사들은 우리가 비음악적 영역에 대한 전문가가 아니기 때문에 비음악적 영역을 제외한 음악과 관련된 영역만을 평가할 수 있다고 주장하는 반면, 일부 치료사들은 우리가 하는 목적이 음악기술 향상이 아니기 때문에 음악적 기능은 진단평가의 대상 영역이 아니라고 주장하기도 한다(Kim, 2005).

그러나 진단평가의 우선적 목적은 대상자가 현재 보이는 강점과 약점을 분석하고 일반적인 필요와 그를 지원할 수 있는 방향을 설정하는 것이다. 그러므로 음악치료 진단평가는 단순히 대상자의 음악적 정보만을 수집하는 것이 아니라 대상자가 필요로 하고 문제를 보일 수 있는 모든 영역에 걸쳐 평가를 시행하여 결과를 분석해야 한다. 많은 음악치료사들이 대상자의 기능 수준에 대한 전반적인 상황을 보여 줄 수 있는 포괄적인 평가 도구를 사용하고 있으며(Cole, 2002), 연구자들은 음악치료 과정 안에서 일어나는 음악적 교류, 반응, 의사소통, 인지, 운동 등의 다양한 양상에 초점을 맞춘 평가 도구를 개발하려 노력해 왔다(Wigram et al., 2002).

많은 치료사와 연구자들은 음악치료의 진단평가가 치료 대상자, 근무지, 접근법 등의 기준에 의해 세분화되어야 한다는 것에 의견 일치를 보이고 있으며, 개발된 도구들 대부분은 특정 대상군을 대상으로 포괄적 혹은 특정 영역을 진단 평가하는 목적을 갖고 있다. 예를 들어, Wasserman, Plutchik, Deutsch, Taketomo(1973) 등은 정신지체인과 정서장애 환자들의 음악적 적성과 사회 행동을 평가하기 위한 음악치료 평가 척도를 만들었으며, Lipe(1994)는 치매 환자들의 인지 기능을 평가하기 위한 도구를 개발하였다. Hintz(2000)는 노인들을 위한 음악치료 진단평가(Geriatric Music Therapy Assessment: GMTA)를 연구하였고, Cassity와 Cassity(1998), Wigram(2000)은 각각 정신과 환자들과 자폐 아동을 위한 음악치료 진단평가 도구를 개발하였다. 이 밖에도 즉흥연주 과정을 통해 진단평가할 수 있는 Improvisation Assessment Profiles(IAP)를 Bruscia(1987)가 개발하였고, Loewy(2000)는 모든 대상자에게 시행할 수 있는 음악심리치료 진단평가 도구를 개발하였다.

이러한 평가 도구들은 음악치료를 시행함에 있어 프로그램의 적절한 계획과 진행을 위해 다양한 대상자의 정보를 수집할 수 있도록 도와준다. 대상자에 관한 정보는 음악치료사가 실제 음악활동을 통해 진단평가함으로써 얻어지기도 하고 그 이전에 다른 전문가나 보호자 등의 말이나 기록으로 추가적 정보를 얻을 수도 있다. 비록 이런 정보들을 음악치료사 스스로 직접 평가하고 수집하지 않았다 할지라도 대상자와 관련된 모든 정보는 세밀하게 검토되고 치료에 반영되어야 한다.

1. 사전 정보

환자의 개인사를 이해하거나 적절한 진단평가의 영역을 결정하기 위해 음악치료사는 평가 전에 환자에 대한 여러 가지 정보를 수집해야 한다. 대상자가 음악치료에 의뢰되어 치료사와 처음 만나는 순간부터 치료사는 대상자에 대한 많은 정보를 수집하게 된다. 보편적으로 그들은 음악치료 이전에 다른 전문가들로부터 다양한 평가와 진단을 받은 경험이 있고 그것에 근거해서 약물이나 치료를 받고 있는 경우가 많다. 만일 이러한 사실들이 정확하게 파악되지 않고 음악치료가 시행될 경우 그 과정에서 치료사가 예측하지 못했던 영향을 주어 뜻밖의 결과를 얻게 될 수도 있고, 대상자의 실제 필요가 잘못 평가되어 대상자가 시간을 허비하거나 경제적 손실을 입을 수도 있다. 그러므로 음악치료사는 음악치료 진단평가 기간뿐 아니라 그 이전에도 대상자에 대한 정확한 정보를 충분히 수집해야 할 의무가 있다.

대상자에 대해 첫 번째 수집되어야 할 정보는 그의 문화적 배경과 관련된 사항이다. 여기서의 문화적 배경이란 대상자가 속해 있는 포괄적 의미의 문화뿐 아니라 개인이 속해 있는 가정이나 학교, 지역, 집단 등을 의미한다. 대상자가 어떤 환경에서 자라고 누구의 영향을 받으며 살았고 어떤 사람들과 어떤 관계를 맺으며 생활하고 있는지 등은 치료사에게 그 사람의 문제나 필요를 이해하는 데 좋은 단서를 제공하기도 한다. 두 번째는 대상자의 의학적 배경에 대한 정보 수집이다. 환자의 장애나 문제 등이 환자의 삶 속에서 어떻게 발병하고 발전해 왔는지를 이해하며, 환자가 어떤 의약품을 복용하고 있고 진단평가 기간이나 치료 기간 동안 그것이 어떻게 영향을 미칠 수 있는지를 이해하는 것이 중요하다. 또 현재 환자가 받고 있는 다른 치료에 대해서도 충분히 숙지하고 이해해야 한다. 세 번째 정보의 영역은 대상자의 일반적 행동의 특징과 전형적인 행동 반응 등을 이해하는 것이다. 또 환자의 관심사나 행동 통제 방법 등의 특정 정보들을 미리 수집하여 음악치료 진단평가 시에 참고하는 것이 좋다.

대상자에 관한 다양한 정보 수집을 위해 치료사는 환자나 보호자가 작성할 수 있는 병력 기록 등의 양식을 사용하여 진단평가 활동 개시 전에 작성하도록 한다. 비록 치료사가 인터뷰 등을 통해 정보를 구어적으로 얻었다 할지라도 반드시 기록으로 남겨 두는 것이 중요하다. 이는 앞으로 시행될 모든 과정의 중요한 근거가 되며 시간이 지난 후에 치료사가 대상자의 정보를 재고하거나 확인하는 데 필수적이기 때문이다. 치료사는 또한 환자의 의료 기록을 통해서 정보를 수집할 수 있다. 정보 수집 시에는 합법적이고 윤리적인 방법으로 의료 정보를 얻는 것이 중요하며, 이러한 정보들은 음악치료사에게 중요한 배경 정보를 제공하여 대상자가 필요로 하는 적절한 진단평가를 할 수 있도록 도와준다.

2. 전반적 기능평가 척도

음악치료사가 대상자에 대한 정보를 얻을 수 있는 방법 중의 하나는 다른 전문가들에 의해 평가된 기록뿐만 아니라 다른 전문가들이 주로 사용하는 도구를 사용하는 것이다. 대부분의 전문 도구들은 신뢰도와 타당도가 매우 높은 것으로 검증된 것들이기 때문에 안전하게 사용할 수 있으며 그 결과에 대해서도 신뢰할 수 있다는 장점이 있다. 그러나 이러한 도구의 사용은 음악치료사 외에 다른 전문가들에 의해서도 대상자에게 시행될 수 있기 때문에 음악치료의 독특성이나 전문성을 주장할 수 없다는 단점이 있다. 따라서 이러한 도구에 전적으로 의존하기보다는 대상자의 전반적인 정보를 얻는 목적으로만 사용하고 좀 더 세부적인 정보는 음악치료의 독특한 진단평가 도구나 방법을 사용하는 것이 바람직하다.

대상자의 정신적 장애나 문제를 평가하는 데 있어 가장 많이 조회되는 기준의 하나는 정신장애 진단 통계편람(Diagnostic And Statistical Manual of Mental Disorders: DSM)이다. 가장 최근판인

DSM-IV(1994)는 대상자에 대한 다축적 평가(multiaxial assessment)를 함으로써 증상에만 초점이 맞추어졌을 때 간과될 수 있는 여러 영역들을 함께 고려하도록 한다. 즉, 부가적인 정신장애는 물론, 일반적인 의학적 상태, 사회적, 환경적 문제, 기능 수준 등을 함께 고려함으로써 포괄적이고 체계적인 평가를 가능하도록 하였다(DSM-IV, 1994).

특히 다섯 번째 축은 대상자의 전반적 기능 평가 척도(Global Assessment of Functioning: GAF)로 되어 있는데, 편찬자는 이 척도로 평가된 정보가 치료를 계획하고 그 효과를 측정하며 결과를 예견하는 데 유용하다고 주장하고 있다. 또 GAF 척도는 심리적, 사회적, 직업적 기능 면에서 평가되며 신체적 제한에 따른 기능 손상은 포함하지 않음을 명시하고 있다. 이 척도는 0부터 100점까지의 일련의 점수로 되어 있는데, 대상자가 일상생활이나 타인과의 관계에서 탁월한 기능을 보일 경우에는 100~91점의 점수대로 기록되는 반면 자신이나 타인에게 심각한 상해를 미칠 수 있거나 최소한의 자기 위생 관리도 불가능한 경우, 혹은 죽음에 대한 분명한 기대를 가지고 심각한 자살 행동을 보일 경우에는 1~10점을 기록할 수 있으며 0점은 GAF 척도로 기록될 충분한 정보가 없을 경우에 해당된다(〈표 6-1〉). 이 척도 역시 평가자의 주관적 판단이 점수에 크게 영향을 미칠 수 있기 때문에 시행에 있어 주의를 필요로 한다.

〈표 6-1〉 전반적 기능 평가 척도의 점수별 내용

100~91	전반적인 활동에서 최우수 기능, 생활 문제를 잘 통제하고 있고 개인의 많은 긍정적인 특질로 인하여 타인의 모범이 되고 있음. 증상 없음.
90~81	증상이 없거나 약간의 증상이 있음. 모든 영역에서 잘 기능하고 다양한 활동을 하며 흥미를 느끼고 있음. 사회적 효율성이 있고, 대체로 생활에 만족하며 일상의 문제나 관심사 이상의 심각한 문제는 없음.
80~71	만약 증상이 있다면, 일시적이거나 심리사회적 스트레스에 대한 예상 가능한 반응임, 사회적, 직업적, 학교 기능에서 약간의 손상 정도 이상은 아님.
70~61	가벼운 몇몇 증상 또는 사회적, 직업적, 학교 기능에서 약간의 어려움이 있음. 그러나 일반적인 기능은 꽤 잘 되는 편이며, 유의미한 대인관계에서 약간의 문제가 있음.
60~51	중간 정도의 증상 또는 사회적, 직업적, 학교 기능에서 중간 정도의 어려움이 있음.
50~41	심각한 증상. 사회적, 직업적, 학교 기능에서 심각한 손상이 있음.
40~31	현실 검증력과 의사소통에서의 장애, 또는 일이나 학교, 가족 관계, 판단, 사고, 정서 등 여러 방면에서 주요 손상이 있음.
30~21	망상과 환각에 의해 심각하게 영향받는 행동. 또는 의사소통과 판단에 있어서 심각한 손상, 또는 모든 영역에서 기능의 어려움 있음.
20~11	자신이나 타인을 해칠 약간의 위험, 또는 때때로 최소한의 개인 위생을 유지하는 데 실패, 또는 의사소통의 광범위한 손상이 있음.
10~1	자신이나 타인을 심각하게 해칠 지속적인 위험, 또는 최소한의 개인 위생을 유지함에 있어서 지속적인 무능, 또는 죽음에 대한 명확한 기대로 심각한 자살 행동이 있음.
0	불충분한 정보

(출처: 하나의학사, 정신장애의 진단 및 통계 편람-제4판, 1994, p. 54)

3. 음악치료의 일반적 진단평가 영역

어떤 영역을 진단평가해야 하는가에 대한 음악치료사들의 혼동과

딜레마를 줄이기 위해 미국음악치료협회(AMTA, 2004)는 진단평가의 일반적 기준을 만들어 치료사들에게 제공했다. 그 기준은 "음악치료 진단평가는 대상자의 필요와 강점에 초점을 둔 심리적, 인지적, 사회적, 생리적 기능과 의사소통 등의 전반적 영역들을 포함한다. 또한 진단평가는 대상자의 음악에 대한 반응, 음악적 기술 그리고 음악적 선호도를 결정한다."(p. 18)라고 명시되어 있으며, 이러한 영역 외에도 대상자의 영적, 문화적 배경이 고려되어야 함을 제언하고 있다.

물리치료사나 언어치료사 같은 특정 전문인들은 하나 혹은 두 개의 기능 영역에만 초점을 두는 경우도 있으나 대부분의 건강 관련 전문분야에서도 진단평가는 치료사가 환자의 기능 수준을 몇 가지 영역에서 평가하는 과정을 수반한다. 그러나 때로 이런 영역이나 기능들은 전문가들의 전공이나 교육 배경, 대상자 등에 따라 각각 다른 이름으로 거명되기도 한다(〈표 6-2〉).

음악치료는 다양한 영역을 포괄적으로 다루고 있어서 많은 음악치료사들이 환자의 전반적 기능 수준을 각각의 영역에서 세부적으

〈표 6-2〉 비음악적 영역의 대체 용어들

영역	다른 이름들
운동	신체적, 지각/운동, 심리운동, 감각운동
의사소통	언어적, 구어적
인지	정신적 인식, 학업
정서	감정, 심리
사회	교류적, 대인 관계, 교제

(출처: Kristen M. Cole, *The Music Therapy Assessment Handbook*, 2002, p.19)

로 사정하는 포괄적 진단평가를 시행하고 있다. 그러나 몇몇 연구자들은 각자의 접근법에 따라 서로 다른 진단평가의 지침을 제시하고 있다. Hanser(1999)는 음악치료 진단평가를 특정한 상황하에서 체계적 관찰을 통해 대상자의 강점과 약점을 결정하는 체계적 접근으로 규명하고 있다. 그녀는 치료 프로그램을 시작하기 전에 몇 가지 기준이 고려되어야 한다고 주장하며 의사소통 기술, 인지 기술, 감각운동 또는 지각운동 기술, 심리-사회적 기술, 정서적 행동, 음악적 기술을 강조하였다.

Grant(1995)는 음악치료의 진단평가 과정은 음악치료사가 다른 전문가들과 함께 일하는 팀 구성원으로서의 신뢰를 쌓는 데 매우 중요하기 때문에 다른 전문가들이 진단평가하고 프로그램을 개발해 주기를 기다리기만 해서는 안 된다고 주장하였다. 그는 발달 장애를 보이는 대상자를 위한 평가 도구를 개발하였는데, 그것은 음악치료의 특성을 잘 드러낼 수 있는 감각운동, 시각과 청각을 포함한 인지, 의사소통, 사회성 영역으로 구성되어 있다. 비록 그 도구가 다양한 상황에서 적용될 수 있도록 만들어졌으나 치료사의 철학이나 교육 내용에 따라 다른 도구의 보충적 역할로 사용될 수 있음을 제안하였다.

음악치료의 즉흥연주 모델에서 음악치료사는 대상자의 음악적 반응뿐 아니라 대상자와 치료사, 혹은 대상자 간의 관계와 역동성에 초점을 맞춘다. 예를 들어, Nordoff-Robbins의 창조적 즉흥연주에서 대상자의 음악적 · 개인적 반응, 아동과 치료사와의 관계와 음악적 의사소통, 음악적 복잡성, 표현력, 악기와의 혹은 노래와의 상호 반응성 등이 그들의 고유한 방법으로 진단평가된다(Bruscia, 1987).

Bruscia(1987)는 다양한 대상에게 시행할 수 있는 즉흥연주 진단평가 도구(Improvisation Assessment Profiles: IAP)를 개발하였다. 대상자에 대한 정보는 임상적 관찰, 음악 분석, 대상자의 즉흥연주에 대한 심리적 해석 등으로 수집되는데, 통합, 가변성, 긴장, 일치, 두드러짐, 자율성 등의 특성을 평가하며 각각의 영역은 다양한 음악적 요소로 구성된 하위 항목으로 이루어져 있다. 그는 그가 제안한 모든 항목이 함께 사용되도록 고안하기는 했지만 각각의 항목들은 대상자의 특정한 필요나 상황에 따라 분리되어 사용할 수도 있다고 제언하고 있다.

위에서 열거된 비음악적 진단평가 영역 외에도 음악치료사는 음악을 기본적인 치료 양식으로 사용하고 있기 때문에 음악 영역을 함께 평가한다. 이 부분에 대해서는 음악치료사 간에도 이견을 보이고 있지만, 음악치료사가 환자의 음악적 능력, 음악에 대한 반응, 음악적 선호도 등을 사정할 필요가 있는데, 이는 이러한 정보들이 치료사가 음악을 이용해 효과적으로 다른 영역을 사정할 수 있도록 돕기 때문이다.

비음악적 영역이건 음악적 영역이건 간에 각각의 영역들은 다양한 하위 영역들로 구성될 수 있는데, 어떤 하위 영역들은 모든 대상자군에 적용될 수 있는 표준 영역인 반면 어떤 경우에는 특정 대상군에만 적용되는 하위 영역들이 포함되기도 한다. 또 때로 이런 하위 영역들은 치료사의 관점이나 철학에 따라 한 개의 영역에만 적용되는 것이 아니라 여러 영역에 적용될 수 있기 때문에 혼란을 가져

올 수도 있다. 그러므로 대상자의 행동이나 반응에 대해 치료사가 적절한 판단을 내릴 수 있도록 적절한 훈련이 이루어져야 하며 지속적인 교육과 슈퍼비전이 절대적으로 필요하다.

연구자들은 일반적으로 모든 대상자들에게 포괄적으로 적용될 수 있는 진단평가 영역을 나름대로 규정하고 있는데 그들 간에 매우 일치되는 영역이 있는 반면에 연구자에 따라 독특하게 적용되는 영역도 있음을 발견할 수 있다(〈표 6-3〉). 이러한 차이로 음악치료가 시행되는 장소나 기관의 특성에 따라 발생할 수도 있으며, 혹은 치료사의 철학이나 접근법에 따라 평가의 초점이 달라질 수도 있다. 어떠

〈표 6-3〉 연구자별 일반적 진단평가 영역

연구자	진단 영역	하위 영역
Hanser (1999)	의사소통	언어적/비언어적 표현 수용언어와 표현언어
	인지	사고 및 처리 과정 학습 유형
	신체적	전반적 신체 건강 상태 감각운동 또는 지각운동
	음악적	흥미, 반응, 선호도 성악적/기악적 능력 음고(pitch) 구분, 리듬 지각, 창의성
	심리-사회	주의집중, 자기인식, 자아개념 자존감, 참여, 협동, 순종, 치료사와의 관계, 대인 관계 기술, 타인과의 교류
	정서	정서 및 기분
	기타	심리적 또는 교육적 필요 일상생활의 활동 개인적 적응, 여가, 직업적/영적 필요 등

David et al. (1999)	의학적	과거 병력 및 현재 건강 상태
	인지적	이해력, 집중력, 주의력, 기억력 문제 해결 기술
	사회적	자기표현, 자기통제, 대인 관계
	신체적	운동 범위, 협응, 근력, 지구력
	직업적/교육적	작업 기술 정도, 직업 준비도
	정서적	적절한 정서와 기분 반응
	의사소통	표현/수용 언어 기술
	가족	가족 관계 및 필요
	여가 기술	여가적 필요와 흥미, 참여, 정보
Cole (2002)	운동	대근육, 소근육, 지각-운동 기능, 심리운동 기술
	의사소통	구어와 목소리의 특징 몸짓, 수화, 발성 등 기타 기술
	인지	이해력, 시지각, 청지각, 측면성 및 방향성, 신체인식
	정서	얼굴표정, 감정의 폭 적절한 정서 반응 음악적 자극이나 노래 가사에 대한 정서적 반응
	사회	자기 인식, 교류, 그룹 음악활동의 참여도
	음악	노래 부르기, 리듬 치기, 멜로디 연주, 선호도, 음악지각
Michel & Pinson (2005)	운동 기술	소근육, 대근육
	인지 기술	지각력, 개념력
	의사소통 기술	수용언어, 표현언어
	사회/정서적 기술	교류, 참여
Bruscia (1987)	통합	미분화, 융화, 통합, 분화, 과분화*
	가변성	경직, 안정, 변화, 대조, 무작위*
	긴장	저긴장, 평온, 순환, 긴장, 과긴장*
	일치	무관계, 일치, 중간, 불일치, 분열*
	두드러짐	희미, 순응, 기여, 통제, 압도*
	자율성	의존, 추종, 동반, 주도, 저항*

* 각 영역에 대한 5단계의 척도를 의미함.

한 구분이나 접근법에 의한 영역 분류가 옳고 그른지에 대한 정답은 없다. 도구를 적용하려는 치료사가 자신의 철학이나 사용 목적, 상황, 대상자 등을 고려하여 가장 적절한 것을 선택하여 시행하는 것이 바람직하다.

4. 대상자별 진단평가 영역

모든 대상자들에게 공통적으로 적용될 수 있는 전반적인 진단평가 영역 외에, 각 대상자군의 특성을 고려하여 좀 더 세분화되고 구체적인 평가 영역이 제시된 연구들이 있다. 연구자들은 전반적 평가 영역에 부가하여 평가 대상자들이 흔하게 보이는 문제들을 평가의 대상으로 첨가하거나 수정하여 적용하였는데, 평가 방법이나 관점은 연구자들의 접근에 따라 공통점을 보이기도 하고 차이를 보이기도 한다.

1) 아동을 위한 진단평가 영역

아동은 음악치료의 주요 대상군이며, 음악치료는 장애 아동들의 진단이나 치료에 매우 효과적인 결과를 보여 주고 있다. 아동을 위한 널리 알려진 진단평가 영역 중의 하나는 의사소통 기술(Communication), 학업 기술(Academic or Cognitive), 운동 기술(Motor), 정서 기술(Emotional), 조직 기술(Organizational), 사회 기술(Social)을 의미하는 'CAMEOS' 이다. Lathom-Radocy(2002)는 음악이 주는 덜 위협적인 환경 안에서 아동은 다른 정형화된 평가 환경에서보다 음악치료 활동에 더 잘 참여하게 되므로 음악치료는 CAMEOS의 각 목적을 달성하기 위해 더할 나위 없이 적합하다고 주장했다.

그녀는 각 영역을 더욱 세분화된 영역으로 구별하였는데, 의사소통 영역은 언어적/비언어적 표현언어 기술과 언어적/비언어적 수용언어 기술로, 학업 기술 영역은 색, 숫자, 글자 등을 인식하고 읽기 기술과 공간과 시간, 자기인식 등으로 구분하였다. 지각적 운동 기술, 손과 발의 사용, 눈과 손의 협응, 민첩성과 교차 편측성을 운동 기술로 규정하였고, 불안과 우울은 정서 영역에, 환경과 세션 내의 진행을 조직하는 능력은 조직 기술로, 표현적/수용적 교류와 적응 행동적 관계를 사회 기술로 보았다.

아동을 위한 진단평가의 또 다른 연구자인 Boxill(1985)은 운동, 의사소통, 인지, 정서, 사회, 음악적 행동 등의 여섯 가지 평가 영역으로 분류하였다. Lathom-Radocy(2002)의 분류와는 다르게 그는 운동 영역을 대근육, 소근육, 지각운동 기능과 심리운동 기술 등으로 나누었고, 의사소통 영역은 구어와 목소리 특징 그리고 다른 의사소통 기술로 구분하였다. 인지 기술은 이해력과 신체 인식, 편측성과 방향성 그리고 노래 가사 모방력을 평가하였고, 얼굴표정과 감정의 폭이 정서 영역에, 자기 자신과 타인, 환경을 인식하여 교류하며 그룹에 참여하는 것을 사회 영역으로 분류하였다. 또한 음악적 행동 영역을 첨가하였는데, 노래, 타악기 연주 그리고 멜로디적 타악기 연주 등으로 세분화하였다(〈표 6-4〉).

〈표 6-4〉 진단평가 영역의 비교

Lathom-Radocy(2002)		Boxill(1985)	
영역	하위 영역	영역	하위 영역
의사소통	* 언어적 * 비언어적	의사소통	* 구어 및 음성 특징
학업(인지)	* 색, 글자, 숫자 * 신체, 공간, 시간 * 가사 읽기 * 쓰기 * 수업 기술	인지	* 이해력 * 신체인식 * 편측성 및 방향성
운동	* 쥐기 * 눈-손 협응 * 이동 기술	운동	* 대근육 * 소근육 * 지각-운동 기능 * 심리운동 기술
정서	* 일반적 정서 * 반응의 적절성	정서	* 얼굴표정 * 감정의 폭 * 반응의 적절성 * 음악적 자극이나 가사에 대한 정서적 반응
조직	* 구조를 따르는 능력 * 자신을 위한 과제 조직 능력 * 리더십	음악적 행동	* 노래 부르기 * 타악기 연주 * 멜로디적 타악기 연주
사회	* 성인들과의 교류 * 동료들과의 교류 * 나이 차이가 나는 아동들과의 교류 * 규칙이나 교정에 대한 반응 * 일반적 정서	사회	* 자신, 타인, 환경에 대한 인식 * 교류 * 그룹 음악활동의 참여

Cole(2001)은 발달장애 아동을 위해 일하는 음악치료사들에게 가장 자주 진단평가하는 주요 기술 영역과 방법, 그들이 사용하고 있는 도구의 특징과 장/단점 그리고 임상 현장에서 사용할 수 있는 표

준화된 평가 도구가 만들어진다면 반드시 포함되어야 할 영역을 묻는 설문 연구를 시행하였다. 그 결과 가장 많은 치료사들이 운동 기술, 의사소통 기술, 사회 기술, 인지 기술 그리고 음악 기술 영역을 꼽았다(〈표 6-5〉). 또한 가장 많은 치료사들이 데이터를 수집하기 위해 대상자의 행동을 관찰(behavior observation)한다고 대답하였으며, 사용하고 있는 도구의 장점으로는 자세함(thorough), 개별화(individua-lized), 편리성(easiness)을 제시한 반면 주관성(subjective), 제한성(limiting), 시간 소모성(time consuming) 등을 단점으로 보고하였다.

그런데 한 가지 주목할 만한 사실은 하위 영역으로 분류된 다양한 평가 항목들에 대해 치료사들 간에 일치를 보이는 경우도 있지만 이견을 보이는 경우도 있다는 것이다. 예를 들어, '지시 수행(direction following)' 은 인지 기술 영역과 사회 기술 영역, 혹은 언어 기술 영역 모두에 해당될 수 있으며, '자신과 타인 인식(awareness of self and others)' 은 사회 기술과 정서 기술의 하위 영역으로 분류될 수 있다. 이러한 현상은 Kim(2005)의 연구에서도 잘 나타나는데, 치료사가 평가하려는 영역에 대한 확실한 관점과 기준을 갖고 적용한다면 어느 정도의 혼란을 감소시킬 수 있다. 즉, 지시 수행의 정도를 관찰할 때 치료사의 지시를 아동이 어떻게 수용하는가 혹은 어느 정도의 수준으로 반응하는가에 초점을 둔다면 사회 기술 영역으로 볼 수 있는 반면, 아동이 지시에 대해 정확히 이해하고 수행하는가에 중점을 둔다면 인지 기술로, 혹은 수용언어 기술로 평가할 수도 있다.

Wigram(1995)은 음악치료 진단평가의 상호 교류적 특성은 아동

〈표 6-5〉 Cole(2005)의 연구에 의한 발달장애의 진단평가 영역

주요 영역	대체적 용어들	하위 영역
운동 기술	감각운동, 생리적 운동 신체적 기술, 지각운동	대근육, 소근육, 촉각, 청각 추적, 시각 추적 손-눈 협응, 감각 기능 신체인식, 지각, 양측 기민성, 구강 운동 등
의사소통	음성 표현, 발성, 구어 생성, 표현언어, 언어발달, 언어 기술	표현언어, 수용언어 비언어적 의사소통 노래/목소리 기술 발성/언어 전 단계 기술 교류적 언어, 선택 기술 눈 마주침, 호흡 등
사회 기술	행동, 참여성, 사회/정서 기술 사회/행동 기술 대인 관계 기술, 관계성	동료/성인과의 교류 참여 기술, 분담 및 차례 기술 자신과 타인 인식 지시 수행, 그룹 활동 참여 이름 인식, 정서적 표현 의사소통 기술, 환경교류 등
인지 기술	인지/지각, 인지/감각, 인지/학습	개념 인식, 연결 및 기억, 청각 지각 및 구분, 참여 기술 지시 수행, 학습 기술, 공간 인식, 자기 관리 등
음악 기술		리듬/박, 멜로디/조성, 악기 탐구, 선호도, 크기의 변화, 형식 등
정서 기술	감정, 심리 사회, 정서 표현	감정 구분 및 표현, 정서, 자신 및 타인 인식
감각 기술	자극 인식, 청지각, 시지각, 감각 인식, 지각 능력	시각, 청각, 촉각 등
적응 기술	기능적 생활, 일상 생활 기술	개인적 책임감 주의집중

의 수용적 기술과 표현적 기술 그리고 비언어적 의사소통, 놀이 능력, 사회적 관계 등을 분명하게 보여 준다고 주장하였다. 그러나 또한 그러한 음악 속에서의 반응들은 아동의 장애와 관련된 특성이나 비정상적 행동을 포함하기 때문에 좀 더 분명하게 평가의 증거가 되려면 그러한 반응들과 정상적 반응들을 명확하게 규명하고 비교하는 것이 아동을 진단하는 데 중요하다고 제언하였다.

따라서 일반적으로 다른 연구자의 진단평가 도구가 아동이 보편적 발달 정도에서 어느 정도의 기능 수준을 보이는가를 측정한다면, 그의 진단평가는 장애적 특성이나 행동에 초점을 맞춰서 아동이 비정상적이거나 문제 행동을 보이는가를 측정하는 방법을 적용하였다(〈표 6-6〉). 처음에는 전반적 교류, 비정상적 의사소통, 음악적 행동, 이상 행동이나 특징의 음악적 교류로의 전이 그리고 신체적 행동 등의 다섯 영역으로 평가하였으나, 5년 후인 2000년에는 자폐나 의사소통 장애를 진단하기 위한 음악치료 진단평가 과정을 제안하면서 일반적인 음악치료 세션과 몇 가지 다른 요소들, 예를 들면 반응의 범위와 부족함을 평가해야 하고 아동의 잠재력과 어려움을 모두 파악해야 하며 음악치료를 통해 아동이 얻을 수 있는 반응과 잠재성을 평가하고 제안된 진단적 가설들을 검증해야 한다고 주장하였다.

미국음악치료협회(2006)에서도 아동을 위한 진단평가 영역을 규정하고 있는데, 특히 학교 등의 교육 시설 안에서의 음악치료 진단평가는 개별화 교육 프로그램에 근거하여 시행되어야 함을 강조하고 있다(〈표 6-7〉).

〈표 6-6〉 Wigram(1995)의 진단평가 영역

영역	하위 영역
전반적 교류와 반응	초점, 주의집중, 재미있는 행동, 신체인식, 신체적 접촉에 대한 반응, 언어적 접촉에 대한 반응, 괴리, 과도한 친절, 지시에 대한 반응, 시작과 지시의 능력, 손상된 사회 능력
비정상적 의사소통과 행동	언어 지연, 표현적/수용적 실어증, 얼굴 표현, 경직된 사고 과정, 제언에 대한 거부, 비정상적 교류, 정상적 교류에 대한 인식 부족, 듣거나 기다리지 않고 계속 말함, 의사소통에 대한 욕구 부족, 사람을 물체로 사용
음악적 행동	리듬과 템포에 대한 개념 없음, 치료사와 함께하는 개념 없음, 순서 개념이 제한적이거나 없음, 음악적 도구들의 부적절한 사용
이상 행동의 음악적 전이	괴상한 습관적 행동, 강박적 행동
신체적 활동과 행동	균형과 자세, 민첩함, 도구 조작, 대칭성, 동시성, 비정상적 보행, 서투름

학교에서 적용할 수 있도록 개발된 음악치료 진단평가 도구 중의 하나는 Brunk와 Coleman(2000, 2003)이 만든 'Special Education Music Therapy Assessment Process(SEMTAP)' 이다. 이 도구의 목적은 대상 아동의 개별화 교육 프로그램(Individualized Education Program: IEP)에 음악치료 중재가 필요한 서비스인지의 여부를 결

〈표 6-7〉 AMTA의 아동을 위한 진단평가 영역

발달장애(Developmental Disabilities)	
2.0	기준 II-진단평가
2.8	음악치료 진단평가는 현재의 진단과 병력을 포함해야 하며 대상자의 적응 기능과 발달 수준에 관련하여 다음 영역들에서 진술된다.
2.8.1	운동 기능
2.8.2	감각 처리, 계획 그리고 과제 수행
2.8.3	정서 상태
2.8.4	대처 기술
2.8.5	감염 관리 예방
2.8.6	주의집중 행동
2.8.7	대인 관계
교육 시설(Educational Settings)	
2.0	기준 II-진단평가
2.2.1	음악치료사는 반드시 학생의 개별화 계획(IEP)을 작성하는 팀 구성원이어야 한다.
2.8	음악치료 진단평가는 학생의 기능 수준에 따라 개별화되어야 한다.

(출처: *AMTA Member Sourcebook*, 2006)

정하는 것이다. 이는 음악치료를 시행함으로써 아동의 능력이나 기능을 향상시키고 개별화 교육의 목적과 목표를 달성하는 데 유의미한 도움을 줄 수 있는지를 판단하는 근거를 찾기 위해 진단평가를 적용하는 것이며, IEP 위원회의 요청에 의해 공인 음악치료사가 아동에게 음악치료를 시행하여 다시 IEP 위원들에게 치료의 적절성이나 필요성을 보고하도록 하는 과정으로 이루어져 있다(Coleman & Brunk, 2003). 이렇게 음악치료가 대상 아동에게 적절한지를 결정하기 위한 음악치료 적격성 진단평가(music therapy eligibility assessment) 형태는 치료 서비스나 비용 지출이 진단평가 과정을 필수 조건으로 하는 학교 체계에 적절한 모델이라고 할 수 있다. 따라서 연구자들은 SEMTAP은 음악치료 시행 여부를 결정하기 위한 진단평가이기 때문에 일단 음악치료 시행이 결정되면 치료사는 진행될 프로그램 계획을 위한 진단평가를 다시 시행하게 될 수도 있다고 언급하고 있다.

SEMTAP은 목표 지향적 평가 도구로서 1회나 2회의 짧은 기간에 시행하는 것을 원칙으로 한다. 연구자들도 좀 더 오랜 기간 동안의 진단평가 과정이 보다 많은 정보를 얻을 수 있다는 것에는 동의하지만 개별화 교육 프로그램(Individualized Education Program: IEP)에 참여하는 다른 전문가들이 짧은 기간 안에 진단평가를 시행하기 때문에 현실적으로 음악치료만 여러 세션에 걸쳐 평가하는 것이 어렵다고 주장하였다. 또 음악활동이 도입되기 전에 비음악적 상황에서 치료사가 관찰한 아동의 행동과 음악적 상황에서의 반응을 비교함으로써 진단평가 결과의 의미를 찾을 수 있다고 하였다.

이 경우에는 일단 음악치료사에게 진단평가가 의뢰되면 치료사는 먼저 대상 아동의 개별화 교육과 관련된 서류들을 살펴보고 보호자나 교사 등 관련 주변인들과의 인터뷰를 통해 정보를 얻게 된다. 이러한 기록 검토와 인터뷰 결과에 근거하여 개별화 교육 프로그램의 목표 중 진단평가할 특정 영역들을 선택하며, 치료사가 비음악적 상황하에서 아동을 관찰한 후 음악치료 진단평가를 위한 음악치료 세션을 시행하고 그 결과를 보고하는 과정으로 이루어진다.

이 도구의 주요 평가 영역은 개별화 교육 프로그램에서 이미 설정된 목적이나 목표와의 상관관계이다. 일반적으로 평가되는 영역은 의사소통 기술, 사회/행동 기술, 인지/학습 기술, 신체/감각 기술 등으로 구분되어 있으며, 각 영역에 속한 하위 문항 네 가지에 대해 먼저 비음악적 상황에서 관찰하여 기록한 후에 음악적 자극을 아동에게 제시하여 변화하는 반응을 다시 관찰하고 기록하여 두 결과를 비교하는 방법을 적용하게 된다.

음악치료사가 SEMTAP을 시행함에 있어 유일한 전제 조건은 이러한 진단평가 영역들이 아동의 IEP 기록에 제시된 기능과 그 수준을 반영한다는 점이다. 따라서 진단평가를 위한 음악치료 활동은 이미 제시된 아동의 IEP 목적에 따라 그것을 평가하기 위해 계획되고 시행된다. 특이한 사항은, 이 과정에서 음악치료사가 아동을 평가하는 방법은 치료사 자신의 독특한 방법이나 다른 음악치료사의 방법, 혹은 표준화된 검사 도구 중에서 임의로 선택한 것을 사용할 수 있다는 점이다. 즉, SEMTAP은 정형화된 하나의 도구로 간주되기보다는 특수 교육 환경에서 음악치료가 공식적으로 시행될 수 있는 과정을 보여 주는 지침서로 이해될 수 있다.

2) 노인을 위한 진단평가 영역

나이가 들어 노인이 된다는 것은 어느 한 순간에 일어나는 사건이 아니라 오랜 시간에 걸쳐 지속적으로 진행되는 과정의 산물이라 할 수 있다. 그 과정을 통해 개인의 신체는 물론 인지적, 심리적, 사회적 기능은 점차적으로 감퇴되고 기능을 잃게 되며 심지어는 일상적인 생활이 불가능한 질병의 단계에 이르기도 한다. 그러나 이러한 외형적 변화에도 불구하고 노인들은 자신 안에 여전히 변하지 않은 과거의 자신과 같은 사람이 존재한다고 생각하고 그로 인해 외형적 변화를 인정하거나 순응하지 못하면서 심리적으로나 사회적으로 갈등을 경험하기도 한다.

의학의 발달로 인간의 평균 수명이 점점 연장되어 우리 사회는 구성원의 고령화 시대로 접어들었다고 해도 과언이 아니다. 그럼에도 불구하고 노인을 위한 음악치료의 연구나 프로그램은 그 발전이 매우 저조한 경향을 보인다. 고령화된다는 것은 인간 유기체의 모든 기능이 감퇴하는 과정으로 설명하여도 무리가 아니다. 얼굴이나 피부의 변화는 물론 체격, 근육, 뼈, 혈관 그리고 모든 장기들의 기능에서 변화가 일어나게 되며 호르몬이나 신경, 면역 체계 등의 내부 시스템에도 점진적 변화가 일어나고, 이러한 과정은 신체적 기능뿐 아니라 정서적, 사회적, 인지적 기능과도 밀접과 관련을 갖고 전반적인 기능의 이상 상태를 야기하게 된다. 따라서 흔히 노인들의 대표적 증상으로 거론되는 시력과 청력의 감퇴, 기억력의 감퇴, 정서적 고립감이나 우울증, 불면증, 관절의 통증 같은 신체적 질환 등은 나이가 들어가는 과정에서 반드시 일어날 수밖에 없는 결과이다. 그러므로 노인을 위한 음악치료 프로그램은 그들이 직면할 수 있는 다양한 영역을 대상으로 하며 진단평가 역시 이 모든 영역의 기능들을 평가할 수 있어야 한다.

Hintz(2000)는 노인 요양시설이나 재활시설에 거주하는 대상자들을 진단평가할 때 반드시 평가되어야 할 열 가지의 일반적 영역들에 대해 자세하게 언급하였는데(〈표 6-8〉), 그가 분류한 평가 영역들은 AMTA(2006)가 제시하고 있는 노인 대상의 진단평가 영역(〈표

6-9〉)과 많은 부분에서 공통점을 찾을 수 있다. 연구자는 이러한 영역의 행동들은 음악치료 진단평가 활동에 대상자들의 참여를 통해 평가되어야 하며, 따라서 진단평가 도구를 만들거나 적용할 때 이러한 기능을 측정할 뿐 아니라 그 시행에 있어서 다른 전문가들이 아닌 음악치료사를 통해 경험하고 시행될 수 있는 음악적 과제와 내용들을 포함해야 한다고 주장하였다.

Adler(2001)는 노인 대상의 진단평가 도구에 대해 연구하기 위해 음악치료사들에게 설문을 실시하여 기존에 그들이 사용하고 있는 진단평가 도구를 연구자에게 보내 줄 것을 요청하였다. 그 결과 총 열아홉 가지의 평가 도구들이 수집되었고 수차례의 수정 작업을 거쳐 대상자의 배경 정보, 음악적 선호도, 행동 관찰 그리고 음악활동을 통한 평가 등 네 영역으로 분류된 '노인의 필요와 치료를 위한 음악적 사정 도구(Musical Assessment of Gerontologic Needs and Treatment: MAGNET)' 를 개발하였다.

이 도구를 개발한 연구자들은 MAGNET이 대상자의 질병을 진단하거나 병을 명명하는 도구가 아니며 그 목적이 음악치료 안에서 보여지는 대상자의 기능적 상태를 측정하고 그 결과에 근거하여 치료계획을 설정하는 것이라고 명확히 밝히고 있다. 이는 음악치료 진단평가의 초점은 대상자 자체라는 의미를 정확히 규명함으로써 일반적으로 질병 자체에 초점을 두는 진단 도구들과의 차이를 분명하게 인식하고 치료사가 적용해야 함을 강조하는 것이다. 이러한 개념은 비단 MAGNET에서 뿐만이 아니라 음악치료 진단평가의 정체성을 잘 표현하는 것으로써 음악치료 진단평가의 목적이 다른 대상과의 비교는 물론 특정 질환을 규명하고 명명하는 과정이 아님을 분명히 하는 것이다.

노인들을 대상으로 음악치료 진단평가를 시행하는 데 있어서 치료사가 고려해야 할 점은 대상 노인이 정신적 혹은 신체적 질환이나 기능 감퇴의 소견을 가지고 있는지 여부를 확인해야 한다는 점이다. 이는 일반 노인들과 어떠한 질병에 의해 기능의 손상을 입은 노인들을 구분하여 적절한 진단평가 도구를 적용하여야 함을 의미하는데, 같은 연령대의 대상자일지라도 건강한 노인, 뇌졸중과 같은 신체적 장애를 유발하는 질환을 가진 노인, 또는 치매 등의 인지적 장애를

〈표 6-8〉 Hintz(2000)의 노인 대상 음악치료 진단평가 영역

영역	행동 및 항목
인적 사항	나이, 인종, 진단명, 예후, 투약, 종교, 가족 관계, 안전 사항, 인생에서 주요 사건
인지	의사 결정, 구체적/추상적 사고, 집중력, 추론, 연속성, 주의력, 이해력, 사고의 내용 및 구성, 판단, 계획성, 심리운동 속도
기억	현실 인식, 장/단기 기억, 즉각 기억력, 주의 행동
사회성	타인과 자신에 대한 진술, 눈 마주침, 동료와의 교류, 적절성, 성격, 의사소통
정서	일반적 정서, 정서 안정성, 적절성, 적응적/부적응적 행동, 강도, 증상적 행동
운동	협응, 우세 손, 이동성, 고집, 공간 지각, 적응적 필요
감각	감각 선호, 명료도, 지각, 인식, 구어/음성 생성, 적응적 필요
음악	음악 훈련 경험과 그룹 참여, 선호도, 표현적/수용적 리듬과 조성 기술
임상적 인상	정서적 반응, 치료사와의 관계, 대처 기술, 저항, 동기, 태도, 음악치료에 대한 금기
권고 사항	그룹/개인 프로그램의 가능성 목적과 목표

(출처: *Music Therapy Perspectives*, 2000, 18(1), p. 33)

〈표 6-9〉 AMTA(2006)의 노인을 위한 진단평가 영역

노인 시설(Geriatric Settings)
2.0 기준 II-진단평가
2.8 음악치료 진단평가는 현재의 진단과 병력을 포함해야 하며 다음의 영역들에서 대상자의 기능 수준과 관련하여 진술된다.
2.8.1 운동 기술
2.8.2 현실 지각력
2.8.3 정서 상태
2.8.4 공간 및 신체 개념
2.8.5 장기 및 단기 기억
2.8.6 주의집중 행동
2.8.7 감염 관리 예방
2.8.8 감각 정밀도 및 지각
2.8.9 독립적 기능 및 적응적 필요
2.8.10 대처 기술

(출처: *AMTA Member Sourcebook*, 2006)

유발하는 질환을 가진 노인 등으로 더욱 세분화하여 진단평가를 시행하여야 한다.

Lipe(1995a, 1995b, 1995c)는 치매 환자를 대상으로 음악을 사용하여 그들의 인지기능을 평가하는 도구인 '음악적 인지기능 평가 도구(Music-Based Evaluation of Cognitive Functioning: MBECF)' 를 개발하였는데, 이 도구의 목적은 이미 치매로 진단받은 대상자들의 잔존 음악 능력을 추적하여 각 개인의 기능 수준에 맞는 적절한 음악치료 전략을 수립하기 위함이다. 그녀는 이 도구가 특히 전형적인 기억력 테스트 형식에 두려움이나 어려움을 느끼는 대상자들의 진단적 상황에서 유용하게 사용될 수 있음을 강조하고 있다.

MBECF는 총 열두 개의 음악 연주 과제(네 개의 노래 부르기와 여덟

개의 리듬 수행 과제)와 일곱 개의 언어적 과제가 주어지는데, 음악 연주 과제는 0~3점으로, 언어적 과제는 0~2점으로 각각 평가되어 최고 50점을 획득할 수 있다. 초반에 듣기 과제가 제시되기는 하지만 아직 적절한 점수화 체계가 개발되지 않았기 때문에 단순히 대상자를 세션으로 인도하기 위한 단계로 사용되어 점수화하지 않는다.

Aldridge(2000)는 즉흥연주를 통해 초기 치매 환자들을 진단평가하는 방법을 설명한다. 저자에 따르면, 비록 치매 환자들이 노래 부르고 악기를 연주하는 기능이 언어적 기능에 비해 더 오래 지속되기는 하지만 결국에는 언어적 기능의 상실과 같은 방법으로 음악적 기능도 상실되어 가기 때문에 그들을 위한 정신 상태 측정 도구가 부족한 현실에서 즉흥연주가 좋은 대체적 평가 기회를 제공할 수 있다는 것이다. 이는 즉흥연주에서 자신이 음악을 만들기도 하고 연주되는 음악을 듣는 과정을 통해서 환자의 의도성, 집중력, 음악 과제 동안의 인내력, 몰입, 유창성 등이 확인될 수 있고, 짧고 반복적인 리듬이나 멜로디를 사용하여 간단한 기억력을 검사할 수도 있기 때문인데, 이러한 음악적 결과물의 이해는 일반적으로 언어나 의사소통의 기본 구조에 대한 실마리를 제공할 수 있음을 강조하고 있다.

3) 정신과 환자를 위한 진단평가 영역

정신과 환자들을 대상으로 하는 음악치료 진단평가 도구는 다른 영역 대상자를 위한 진단평가 도구보다 그 발전이 현저히 늦었다. 정신과 영역에서 일하는 대다수의 음악치료사들이 진단평가 도구의 필요성과 치료 시행의 지침을 원하면서도(Cassity & Cassity, 1994) 실제 임상 현장에서 보편적으로 적용될 수 있는 진단평가 도구 개발은 거의 이루어지지 않았다고 해도 과언이 아니다. 이는 정신과가 연구의 접근성이 떨어진다는 대상의 특수성에 기인할 수도 있으며 혹은 정신과 내에서도 너무나 다양한 질환들과 증상, 연령, 수준 등으로 인해 보편적인 진단평가 도구의 적용이 어렵다는 점이 영향을 미쳤을 수도 있다.

한편 Wilson(1996)은 음악을 사용하여 정신 질환자들을 감별, 진단하고 평가하는 도구들을 소개하고 있으며, Bean과 Moore(1964)는 정신분열증 환자들이 언어나 사진보다 청각 자극에 더 수용적이기 때문에 음악적 청각 자극이 그들의 환각을 촉진하고 언어적 반응을 증가시킨다고 주장하면서 이러한 이론에 근거하여 소리 통각 검사(Sound Apper-ception Test: SAT)를 개발하였다. 투사적 기법을 사용한 SAT는 시각적 자극을 제시하는 주제 통각 검사(Thematic Apperception Test: TAT)와 동등한 측정 도구의 하나로 개발되었는데, 정신분열증 환자들을 SAT 점수가 높은 군과 TAT 점수가 높은 군으로 나누어 24회의 음악치료 세션을 실시하고 비교한 결과 SAT 그룹에서 더 많은 변화가 일어났음을 보여 주었다. 이러한 결과는 SAT가 같은 정신분열증 증상을 가진 환자들 중에서 음악치료 시행에 더 적합한 특성을 가진 환자를 감별하는 기능을 갖고 있음을 의미한다.

또 하나의 투사적 기법을 사용한 검사 도구는 Cattell이 여러 연구자들(Cattell & Anderson, 1953; Cattell & Saunders, 1954; Cattell

& McMichael, 1960)과 함께 연구하고 개발한 IPAT사의 성격별 음악 선호도 검사(Music Preference Test of Personality)로서, 일반인들과 다양한 병리적, 정신병적, 신경증적 환자들 간에 음악에 대한 선호도 차이가 존재하는가를 결정하기 위한 목적으로 사용되었다. 이 검사 결과 일반인들과 정신질환을 앓는 환자들 간에 선호도의 차이가 있는 것으로 나타났으며 연구자들은 이것에 근거하여 이 검사 도구가 정신질환을 진단하는 도구로 사용될 수 있다고 주장하였다. 그러나 다른 연구자들에 의한 후속 연구에서 그와 다른 결과가 제시됨으로써 지속적인 지원을 얻지는 못하였다.

이후에도 몇몇의 연구자들이 음악적 요소나 과정을 통해 정신과적 환자들을 감별 진단하는 연구를 시행하였는데, 대상자의 노래 선곡을 살펴 구분하거나(Wells, 1988) 리듬 모방이나 템포와의 관계(Stein, 1977; Migliore, 1985; Cohen, 1985), 또는 악기 연주(Steinberg et al., 1985) 등의 방법을 주로 사용한 것으로 보고되었다.

위에서 언급된 음악치료 적합성 판단이나 감별 진단의 목적과는 다르게 음악치료의 진단평가가 환자의 치료 목적 설정과 치료의 방향성을 제시하기 위해 개발되기도 하였다. Michael Cassity와 Julia Cassity(1994)는 정신과 임상 현장에 있는 음악치료사들이 어떤 음악적 요소와 활동들로 어떤 대상자의 어떤 영역을 얼마나 자주 진단평가하는지에 대한 정확한 정보를 얻기 위해 각 병원의 음악치료 임상 훈련 책임자를 대상으로 설문을 조사하였다. 총 65명의 책임자가 참여한 본 연구 결과, 정신병 증상을 가진 남성 환자들이 음악치료 주 대상자로 보고되었으며, 그들을 대상으로 대인 관계, 정서, 또는 인지적 문제를 주목적으로 설정하는 것으로 나타났다.

그들은 이러한 연구 결과를 토대로 정신과 환자들을 대상으로 하는 음악치료사들이 다양한 영역을 치료하는 데 유용하게 사용할 수 있는 지침서(*Multimodal Psychiatric Music Therapy for Adults, Adolescents, and Children: A Clinical Manual*, 2006)를 제작하였는데, 초기 진단평가부터 프로그램을 계획하고 시행하며 후에 평가하는 과정을 성인, 청소년 그리고 아동으로 대상자 군을 나누어 체계적으로 정리할 수 있는 표본을 제시하고 있다. 저자들은 이러한 과정이 미국음악치료협회가 제시하고 있는 표준과 매우 흡사하다고 주장하는데, 처음 환자가 음악치료에 의뢰되고 초기 진단평가 과정을 거쳐 계획을 세우고 시행하며 기록을 통해 일정 기간 후에 평가를 거치는 과정으로 설명하고 있다(〈표 6-10〉).

위의 과정에서 가장 중요한 역할을 하는 도구는 정신과 음악치료 질문지(Psychiatric Music Therapy Questionnaire; PMTQ)로, 초기 진단평가 과정에서 시행된다. 처음 진단평가 기간 동안 음악치료사는 음악을 사용하여 환자와 유대감을 형성하기도 하고 다른 전문가들에 의해 작성된 기록들을 검토하며 환자와 면담을 시행하기도 한다. 환자와의 면담 시에 PMTQ가 시행될 수 있는데 성인 환자나 청소년 환자의 경우에는 환자가 직접 답할 수 있지만 아동의 경우는 주로 보호자에 의해 작성된다. 이 질문지는 환자의 연령에 따라 성인용, 청소년용, 아동용으로 구분되어 있는데, 각 질문들은 음악치료에서 가장 자주 다루어지는 문제점들에 대한 정보를 얻을 수 있는 문항들로 이루어져 있다.

〈표 6-10〉 AMTA 표준과 다영역 음악치료 과정의 비교

AMTA 표준	다영역 음악치료
1. 의뢰와 수용	1. 환자를 받을지 결정하기 위한 특정한 초기 정보 제공
2. 진단평가	2. PMTQ의 시행: 다른 진단평가의 결과 재고, 다른 전문가와의 상담, 환자의 기본 정보 수립
3. 프로그램 계획	3. 다영역적 음악치료 분석표 작성과 각 목적 달성을 위한 음악치료 시행 계획 수립
4. 적용	4. 각 목표를 달성하기 위한 적용 계획 작성
5. 기록	5. 각 목표에 대한 음악치료 진보 기록표 작성
6. 서비스 종료	6. 치료의 종결 결정에 대한 객관적 근거 제공. 그 경우 종결 계획서 작성

(출처: Cassity & Cassity, 2006, p. 158)

각 문항은 환자들에 의해 5점 척도로 응답될 수 있으며 일반적으로, 역치 문항을 제외하고, 4~5점으로 기록되는 문항이 환자의 문제점으로 간주될 수 있다. 이렇게 높은 점수를 보이는 문제점들은 환자의 기본 개인 정보(Basic I.D., 〈표 6-11〉)에 기록되며, 각 문제를 음악치료 안에서 다루기 위해 다영역적 음악치료 분석표(Multimodal Music Therapy Profile, 〈표 6-12〉)가 작성된다. 이 분석표에는 환자의 음악적 선호도, 인지, 정서, 사회 등의 다양한 영역의 문제점과 그에 따르는 음악치료 개입 분석, 그리고 면담 후의 관찰 등 세 가지 영역으로 기록하게 되어있다.

또 다른 이 도구의 특징은 미국음악치료협회가 승인하는 정신과 임상 훈련 기관에서 근무하는 음악치료사들에 의해 보고된 정신과 병동의 환자들이 보일 수 있는 다양한 문제 행동들을 코드화하여 제시한다는 점이며, 각각의 행동들에 어떻게 음악치료가 접근하고 시행될 수 있는지의 예를 대상자들의 연령에 따라 비교적 자세하게 보

〈표 6-11〉 개인적 기본 정보(Basic I. D.)의 예시

영역	문제점
행동(Behavior)	—
정서(Affect)	타인에 대한 화 또는 분노 과도한 불안 충동적 주요한 삶의 경험에 대한 감정을 나누지 못함
감각(Sensation)	—
심상(Imagery)	—
인지(Cognitive)	문제 해결 기술 부족 좌절에 대한 낮은 인내심 부모와의 다툼, 갈등 해결 기술 부족
대인 관계 (Interpersonal)	비협동적 행동 자신과 타인에 대한 인식 부족
약물(Drugs)	—

(출처: Cassity & Cassity, 2006, p. 20)

여 주고 있다. 따라서 음악치료사가 PMTQ를 시행한 후 문제점으로 부각되는 문항의 코드를 지침서에서 찾아보면 관련된 대표 증상들과 그에 해당되는 음악치료 방법을 쉽게 볼 수 있도록 되어있다.

〈표 6-12〉 다영역적 음악치료 예시

다영역적 음악치료 분석표(Multimodal Music Therapy Profile)

① 음악적 선호도(Music Preferences)

② 다영역적 문제 분석(Multimodal Problem Analysis)

정서	문제 행동	음악치료 처치
A-2	과도한 불안	* 점진적 근육이완법 (PMR) * 유도된 심상 – 불안한 상태를 상상하도록 한 후 긍정적으로 해결하도록 유도하고 토의한다. 환자가 상상하도록 하고 적절한 음악을 선택하도록 한다.

A-5	충동적	* 바이오피드백 등의 긴장이완 기법을 사용한다. * 피아노나 기타 활동을 통해 자신을 통제하는 경험을 제공한다. * 음악을 통해 긍정적인 동료 경험을 하도록 한다.
A-6	주요한 인생 경험에 대한 감정을 나누지 못함 (외상 또는 공포)	* 환자의 외상적 사건이나 두려움과 관련된 가사에 대해 토의하고 감상한다. * 노래 만들기와 즉흥적 활동을 통해 치료사와 신뢰감을 형성하도록 한다.
대인관계	**문제 행동**	**음악치료 처치**
IS-1	비협조적 행동	* 악기연주 그룹에 참여시키고, 각 환자의 참여가 그룹의 성취와 관련 있도록 책임감을 부여한다.
IS-2	자신과 타인에 대한 인식 부족	* 다른 환자의 연주에 반주를 하게 하거나 자신이 연주할 때 다른 사람의 반주를 받게 한다. 연주 후 토론 때 타인에 대해 이야기하는 것을 격려한다.
인지	**문제 행동**	**음악치료 처치**
C-2	문제 해결 기술 부족	* 유도된 심상과 긴장이완 사용. 환자가 문제적 상황을 상상하도록 하고 그 상황을 자신이 정신적으로 통제하는 모습을 연습하도록 한다. 이어지는 토론에서 환자가 문제를 통제할 수 있는 전략을 성공적으로 발견하도록 유도한다.
C-3	좌절에 대한 낮은 인내심	* 기타나 피아노 활동에 참여시켜 성공을 경험하도록 하고, 좌절에 대한 인내를 증진시킨다. * 노래 만들기나 즉흥연주 등의 활동에 참여시켜 좌절감과 부적절한 행동을 감소시킨다.

A: 정서 (Affect)
IS: 대인관계-사회성 (Interpersonal-Socialization)
C: 인지 (Cognitive)

③ 사후 면담 관찰(Post Interview Observations)

(출처: Cassity & Cassity, 2006, p.21)

미국음악치료협회(2006)는 정신과적 치료가 필요한 대상자에게 시행되는 음악치료를 인지적, 심리적, 사회적/감정적, 정서적, 의사소통적, 생리적 기능의 회복, 유지, 증진을 위해 특별화한 음악의 사용으로 규정하고 있으며, 그러한 목적을 위해 진단평가의 영역을 다음과 같이 제시하고 있다(〈표 6-13〉).

〈표 6-13〉 AMTA가 규정한 정신과 관련 진단평가 영역

정신 보건(Mental Health)
2.0 기준 II-진단평가
2.8 음악치료 진단평가는 현재의 진단과 병력을 포함해야 하며 다음의 영역들에서 대상자의 기능 수준과 관련하여 진술된다.
2.8.1 운동 기능
2.8.2 감각 처리, 계획 및 과제 수행
2.8.3 약물 사용 및 남용
2.8.4 현실 지각력
2.8.5 정서 상태
2.8.6 직업 상태
2.8.7 교육적 배경
2.8.8 대상자의 음악 사용
2.8.9 발달 수준
2.8.10 대처 기술
2.8.11 감역 관리 예방
중독 장애(Addictive Disorders)
2.0 기준 II-진단평가
2.8 음악치료 진단평가는 현재의 진단과 병력을 포함해야 하며 다음의 영역들에서 대상자의 기능 수준과 관련하여 진술된다.
2.8.1 정서 상태
2.8.2 운동 발달 (소근육, 대근육, 지각운동)
2.8.3 발달 수준
2.8.4 독립적 기능과 적응적 필요
2.8.5 감각 정밀도 및 지각
2.8.6 주의집중 행동

2.8.7 감각 처리, 계획 그리고 과제 수행
2.8.8 약물 사용 및 남용
2.8.9 직업 상태
2.8.10 현실 지각력
2.8.11 교육적 배경
2.8.12 대처 기술
2.8.13 감염 관리 예방
2.8.14 의학적 섭생 및 부작용
2.8.15 정신 상태
2.8.16 통증 내성 및 한계 수준
2.8.17 공간 및 신체 개념
2.8.18 장기 및 단기 기억
2.8.19 대상자의 음악 사용

(출처: *AMTA Member Sourcebook*, 2006)

4) 기타 대상자를 위한 진단평가 영역

위에 언급된 대상자들 외에도 음악치료는 다양한 기관에서 다양한 사람들을 위해 시행되고 있다. 그러나 아쉽게도 대상자들의 다양성을 충족시킬 만큼 특성화된 음악치료 진단평가 도구 개발은 거의 이루어지지 않고 있는 것이 사실이다. 물론 음악치료에 의뢰되는 대상자들은 일차적으로 다른 전문가들에 의해 그들의 문제나 필요가 이미 규명된 경우가 대부분이다. 예를 들면, 재활 병동의 뇌졸중 환자의 경우 보행이나 언어 등의 기능을 향상시키기 위해 우선적으로 치료가 시행된다. 또한 소아 암환자의 경우에는 발달장애 아동과는 다르게 개별적인 발달의 특성에 따른 치료 목적보다는 병으로 인해 그들에게 보편적으로 발생하는 부수적 문제나 고통 등이 치료 목적으로 설정될 수 있다. 따라서 음악치료 진단평가의 결과가 없더라도 그들에게 상태의 향상이나 완화를 목적으로 음악치료가 시행되고 적용되는 데 어려움이 없을 수도 있다.

Groen(2007)은 호스피스 병동에서 가장 많이 사용되고 있는 고통 진단평가 도구에 대한 조사를 실시하였다. 72명의 음악치료사와 92명의 호스피스 전문 간호사를 대상으로 설문조사한 결과, 다양한 평가 도구가 보고되었으며 대부분의 음악치료사들이 간호사들과 같은 비음악적 평가 도구를 사용하고 있는 것으로 나타났다. 또한 환자들이 음악치료에 의뢰되는 주요 이유로는 그들의 불안, 우울, 고립감 등이 가장 높이 보고되었으며, 그러한 증상들을 완화하기 위해 음악치료사들이 가장 자주 적용하는 음악치료 활동으로는 긴장이완을 위한 음악 감상이 압도적으로 높게 나타났다. 응답자들은 특히 만성 통증 환자에게 유도된 심상과 음악(GIM), 마사지, 점진적 긴장이완 등의 방법을 많이 사용하며 급성 통증 환자에게는 마사지와 주의전환(distraction)을 많이 적용하는 것으로 대답하였다.

비록 음악치료가 종말기 환자와 그 가족들의 다양한 영역의 필요와 요구를 충족시켜 주는 매우 효과적이고 가치 있는 치료 서비스로 인식되고 있음에도 불구하고, 이처럼 대부분의 음악치료사들이 음악 외적인 진단평가 도구를 사용하고 있으며 대상자 개인의 다양한 치료 목적 설정을 위한 진단평가가 아닌 보편적 치료 목적 달성을 위한 진단평가를 시행하고 있는 것은 의료 현장에서 매우 일반적인 현상이다.

일반 의료 현장에서의 음악치료 대상자들은 비교적 입원 기간이 짧기 때문에 특수교육 현장이나 시설에서 행해지는 음악치료 진단평가보다 덜 구체적이고 덜 개별적일 수 있다. 이러한 현실은 진단평가의 기간이 충분하지 못하다는 것에 기인하는 것으로 1회의 진단평가 세션이나 더욱 짧게는 한 세션 안에서 진단평가와 치료가 함께 이루어져야 하기도 한다. 그렇기 때문에 음악치료사들은 자신 나름대로의 치료 목적을 설정하기보다는 다른 전문가들에 의해 결정되거나 혹은 보편적으로 대상 환자들이 겪는 문제에 초점을 맞추어 치료를 시행해야 하는 제한점을 갖게 된다.

그럼에도 불구하고 음악치료 시행 시 가능한 음악치료사에 의해 진단평가가 실시되어야 하는 이유는 앞에서도 언급한 바와 같이 음악치료라는 전문 영역의 정체성을 확립하고 음악이라는 비언어적이고 창의적이며 보편적인 매체를 통해 기존의 다른 평가 도구가 검색하지 못하는 대상자의 장, 단점을 찾아내고 확인하는 가치를 가지고 있기 때문이다. 음악활동은 대상자에게 즐겁고 안전한 환경을 제공하며, 사람에게 신체적, 심리적, 생리적으로 영향을 미치는 자극을 제공하고, 그 자극으로 인해 어떠한 형태로든 가시적인 반응을 유발시킨다. 그 반응들을 체계적으로 관찰하고 분석하여 치료의 방향을 잡고 진행해 나아가는 나침반의 역할을 하는 것이 진단평가이므로, 음악치료를 시행하는 데 음악치료적 진단평가의 과정이 필수적임은 의문의 여지가 없는 것이다.

비록 음악치료 진단평가의 도구의 개발이나 연구가 매우 부족한 상황이기는 하나, 미국음악치료협회(2006)에서는 다양한 대상자들을 위한 진단평가 영역을 분명하게 규정하여 치료사들이 음악치료 서비스를 제공하는 데 도움을 주고 있다. 각 영역별 진단평가 영역은 다음과 같다(〈표 6-14〉).

〈표 6-14〉 AMTA가 규정한 기타 대상자들을 위한 진단평가 영역

의료 시설(Medical Settings)

2.0 기준 II-진단평가

2.8 음악치료 진단평가는 현재의 진단과 병력을 포함해야 하며 다음의 영역들에서 대상자의 기능 수준과 관련하여 진술된다.

2.8.1 정서/사회 심리
2.8.2 대처 기술
2.8.3 감염 관리 예방
2.8.4 활동 상태, 수술 전 및 수술 후
2.8.5 수술에 대한 태도 및 의료적 진행 과정
2.8.6 심장병 예방
2.8.7 자아상에 대한 수술의 영향 및 신체 기능 상실
2.8.8 의학적 장치 지침
2.8.9 의학적 섭생 및 가능한 부작용
2.8.10 정신 상태
2.8.11 통증 내성 및 한계 수준
2.8.12 체위의 제한
2.8.13 예약 요건 및 다른 치료진과의 협응
2.8.14 의학적 치료 과정 동안의 지원

신체 장애(Physical Disabilities)

2.0 기준 II-진단평가

2.8 음악치료 진단평가는 현재의 진단과 병력을 포함해야 하며 다음의 영역들에서 대상자의 기능 수준과 관련하여 진술된다.

2.8.1 운동 기술
2.8.2 감각 처리, 계획 및 과제 수행
2.8.3 정서 상태
2.8.4 직업 상태
2.8.5 대처 기술
2.8.6 감염 관리 예방
2.8.7 활동 상태
2.8.8 자아상에 대한 수술의 영향 및 신체 기능 상실
2.8.9 의학적 섭생 및 가능한 부작용
2.8.10 정신 상태

2.8.11 체위의 제한

2.8.12 공간 및 신체 개념

2.8.13 감각 정밀성 및 지각

2.8.14 독립적 기능 및 적응 필요

2.8.15 고통 내성 및 고통 수준

개인 센터(Private Practice)

2.0 기준 II-진단평가

2.8 음악치료 진단평가는 현재의 진단과 병력을 포함해야 하며 각 대상자들에게 적절한 특정 영역들에서 대상자의 기능 수준과 관련하여 진술된다.

일반 건강인(Wellness)

2.0 기준 II-진단평가

이 영역에서의 진단평가는 과정 중심이며 음악치료사와 대상자 간의 합의에 의해 절충될 수 있다.

(출처: *AMTA Member Sourcebook*, 2006)

제7장

진단평가의 방법

음악치료사가 대상자에 대한 정확하고도 신뢰할 수 있는 정보를 수집하는 것은 치료 계획 설정은 물론 그 효율성의 극대화를 위해서도 매우 중요하고 필수적인 요소이다. 어떤 영역의 기능들을 진단평가할 것인지 결정되면 치료사는 어떤 방법으로 그 기능들의 수준을 측정할 것인지를 결정해야 한다. 평가 방법은 진단평가의 목적에 따라 달라지기도 하고 대상자나 치료가 시행되는 기관에 의해서도 다양하게 적용된다.

다양한 측정이나 정보 수집 방법과 관련하여 Sattler(2002b)는 넓은 의미의 '평가 또는 시험' 안에 커다란 네 개의 기둥이 속해 있다고 주장하였다. 많은 임상가들이나 연구자들에 의해 꾸준히 사용되어 오는 규준 지향적 평가(norm-referenced tests), 면담(interview),

관찰(observations), 비형식적 진단평가 과정(informal assessment procedures)이 네 기둥의 각각을 상징하는데, 이러한 방법은 심리적 진단평가와 행동적 진단평가 양쪽 모두에서 사용될 수 있으며 대상자에 대한 중요한 정보를 제공한다.

1. 정보 수집 방법

각 진단평가 도구의 목적을 달성하기 위해 다양한 방법으로 정보를 수집할 수 있다. 특히 대상자의 특성이나 정보를 수집하고자 하는 영역의 성격에 따라 다양한 정보 수집 방법이 사용된다.

1) 면담

치료 대상자에 대한 정보 수집에서 효과적인 방법 중의 하나는 임상적 면담이다. 임상적 면담은 일반적인 설문조사 인터뷰나 심리치료적 인터뷰, 또는 일반적인 대화와는 분명히 차이가 있다. 임상적 면담은 비록 심리치료적 면담과 유사한 점을 가지고 있기는 하지만, 신뢰할 수 있는 정보에 근거하여 대상자를 위한 특정한 치료 방향과 구조를 결정하기 위해 대상자와 관련된 주요 정보들을 수집한다는 분명한 목적을 가지고 있다는 점에서 다른 인터뷰들과 구별될 수 있다.

심리치료적 면담과 임상적 진단평가를 위한 면담은 여러 면에서 공통점을 가지고 있는데, 대상자가 편안한 환경에서 자신의 이야기를 할 수 있도록 하기 위해 치료사와 어느 정도의 친밀감이 형성되어야 하며 대상자에 대한 정확한 지식이나 기술이 반드시 갖추어져야 한다. 또한 이러한 면담은 한 번으로 끝나는 것이 아니라 지속적으로 대상자의 생각이나 행동, 정서 등에 대해 정보를 수집하여야 한다는 점에서 유사하다고 할 수 있다.

반면에 위의 두 면담 양식은 목적과 방향 그리고 대상자와의 만남 시간 등에서 차이를 보인다(Sattler, 2002a). 첫째, 임상적 진단평가를 위한 면담의 목적은 치료의 전개를 위해 대상자에 대한 정보를 수집하는 것인 반면에, 심리 치료적 면담은 대상자가 자신 내면의 문제를 표출하고 직관력을 높여 자신의 행동이나 상황을 변화시킬 수 있도록 도와주기 위해 시행된다. 둘째, 일반적으로 폐쇄형 질문 형태와 대상자 중심의 방향으로 진행되는 임상적 면담은 치료사가 대상자에 대한 여러 가지 구체적이고 정확한 정보를 얻기 위해 특정 주제와 질문을 사용하며 때로 엄밀히 조사하는 기술이 필요하기도 하다. 이에 비해 심리치료적 면담에서는 치료적 목적을 달성하기 위해 특별한 면담 기술을 사용하는데, 주로 문제 해결이나 인지 재구조 등에 초점을 맞춘다. 두 방식 간의 세 번째 차이점은, 심리치료적 면담의 시간이 진단평가를 위한 면담 시간보다 비교적 더 오래 지속되며 더 자주 대상자와의 면담 기회가 주어진다는 점이다.

이러한 면담을 통해 얻어지는 대상자의 개인적 배경, 행동, 인지적 능력 등은 치료의 적절성과 효율성을 위한 주요 정보들이 되는데, 대상자가 성인인 경우는 환자 본인과의 면담을 통해 치료사가 필요한 내용을 얻을 수 있으나 아동이나 언어적 의사소통에 문제가 있는 대상자의 경우는 부모나 교사, 의료진, 혹은 대상자와 의미 있는 관계를 맺고 있는 제삼자들로부터 얻을 수 있다. 간혹 아동들의 직접 면담 가능성을 주장하는 경우도 있으나, 일반적으로 9세 미만의 아동들과 직접 이루어진 면담의 내용에 대한 신뢰도는 매우 낮은 것으로 보고되고 있다(Edelbrock et al., 1985; Hodges, 1993). 그렇기 때문에 아동에 대한 정보는 그들과 가까운 성인으로부터 정보를 수집하는 것이 보편적 방법으로 인식되고 있으며, 특히 부모와의 인터뷰는 아동의 지난 성장 배경에 대한 정보뿐 아니라 가족으로서 관찰한 그들의 반응이나 교류 등에 대한 다른 유형의 정보를 얻을 수 있게 한다(Evans & Nelson, 1986).

다른 정보 수집의 방법에 비해 면담은 대상자가 자신의 생각이나 문제를 자신의 말로 직접 표현할 수 있다는 장점을 갖고 있다. 이는 불분명하거나 쉽게 간과될 수 있는 부분을 보다 확실하게 규명하여 정확한 정보를 얻을 수 있으며, 대상자의 언어적 반응 외에도 몸짓이나 표정 등의 비언어적 반응 등을 통해서 평가와 치료에 도움이 되는 의미 있는 지침을 구할 수 있기 때문이다. 그러나 이렇게 면담을 통해 얻어진 정보에 대한 신뢰도와 타당도의 문제는 항상 깊이 생각하게 하는 요소이다. 특히 면담 대상자가 제공하는 정보가 매우 주관적이어서 그 대상자와 밀접한 관계를 맺고 있는 제삼자들로부터 얻어진 정보와 다른 내용을 보인다든지, 면담자의 기억력 문제나 환경적 요소에 의해 영향을 받아 치료사에게 부정확한 정보를 제시하는 등의 오류가 야기될 수 있기 때문에 그 내용에 대한 면밀한 검토가 반드시 요구된다.

일반적으로 환자와의 면담은 구조적 면담, 반구조적 면담, 비구조적 면담(또는 개방형 면담) 등 세 가지 유형으로 구분될 수 있는데 (Edelbrock & Costello, 1988; Marans, 1997; Sattler, 2002a), 이러한 형태를 결정짓는 가장 중요한 요인은 면담의 지침이 어느 정도로 구체적이고 한정적인가의 여부이다.

(1) 구조적 면담

구조적 면담(Structured interview)은 가장 높은 정도의 구조가 제시되어 있어서 인터뷰의 내용과 과정이 사전에 엄격하게 짜여 있으며, 치료사는 미리 지시된 질문을 사용하여 대상자를 평가하게 된다. 치료사는 자신의 의도가 전혀 반영되지 않은 준비된 질문만을 따라 진행하고 대상자가 질문에 대해 나름대로 이해하고 해석하여 반응하기 때문에 흔히 대상자 중심의 면담(Respondent-based interview 또는 Client-centered interview)으로도 불린다. 이 방법은 정해 놓은 방향과 구조에 따라 대상자에게 질문되는데, 지시된 말과 질문의 순서에서 한 치도 벗어나지 않고 대상자에게 질문할 수도 있기 때문에 치료사 개인에 의한 바이어스나 임상적 추측을 최소화할 수 있다. 또한 평가의 수행이나, 결과의 종합, 계산 등이 용이하여 특별한 면담 기술이나 경험이 적은 치료사의 경우에도 큰 문제없이 진행할 수 있고 다른 치료사에 의해 반복 시행되어도 같은 답을 얻을 수 있다는 이점을 갖고 있으며, 결국 이것은 비교적 높은 신뢰도나 타당도를 산출하는 데 긍정적인 영향을 미치게 된다.

인터뷰의 질문은 중심이 되는 주요 질문부터 시작하게 되는데, 그 질문에 대한 확실한 답을 얻은 후에는 좀 더 구체적인 세부 질문들(예: 빈도, 심각성, 지속 기간, 손상의 정도)로 보충 정보를 수집하게 된다. 그러나 미리 제시된 구조로 인한 제한된 내용과 방향 때문에 대상자에 대한 가치 있고 심도 있는 정보를 많이 얻기 어려우며, 특히 대상자가 질문의 내용을 잘못 이해하고 대답한 경우에는 응답의 타당도가 떨어질 수 있다는 약점을 갖고 있다. 특히 질문 자체가 개방형이 아니어서 대상자의 응답이 몇 개의 대응하는 항목들로 구성되어진 경우에는 충분한 내용의 정보 수집이 어려울 수도 있다.

(2) 반구조적 면담

반구조적 면담(Semi-structured interview)은 구조적 면담처럼 어느 정도의 면담 지침과 방향을 가지고 시행되지만 상당히 많은 부분에서 진행에 융통성을 가지고 대상자와 대화를 할 수 있도록 허용된다. 이 면담 방법은 치료사가 특정 심리적 문제나 신체적 문제에 대해 좀 더 깊이 있고 구체적인 내용을 알고 싶을 때 매우 유용하게 사용되며, 치료사와 대상자 간에 서로 정보를 주고받을 수 있는 상호교류를 허용한다. 모든 질문이 사전에 정해져 있는 구조화된 면담과는 달리, 반구조적 면담에서는 좀 더 일반적인 주제나 질문으로 면담을 시작하고 처음에 규명된 주요 주제와 관련된 세부적 부속 질문들로 면담을 진행해 간다.

Sattler(2002a)는 반구조적 면담을 진행하는 중에는 치료사가 반드시 대상자에 초점을 두어야 하는 이유를 설명하고 있는데, 면담 대상자가 치료사와 이야기하기를 꺼려할 수도 있고 특정 주제를 회피하거나 흥분할 수도 있으며 너무 조용하게 말하거나 빨리 말해서 치료사가 알아듣지 못하고 이해할 수 없는 상황도 가능하기 때문이다. 또한 기억력 손상이나 다른 이유로 지난 정보를 잘 회상할 수 없다든지 신체적 질병이나 고통 때문에 질문에 집중하지 못하는 대상자의 경우도 항상 고려해야 한다. 또 새로운 질문이 면담 도중에 만들어질 수도 있고 치료사나 대상자에 의해서 질문들은 더 구체적인 방향으로 진행될 수도 있기 때문에 치료사는 항상 면담이 계획했던 방향으로 잘 진행되고 있는지 또는 필요한 정보가 충분히 습득되고 있는지 등을 잘 살펴야 한다. 또한 대상자의 돌발적 반응이나 질문에 적절하게 대처해야 하기 때문에 치료사의 면담에 대한 경험과 통제의 기술이 요구된다.

이렇게 치료사의 의도나 기대와는 다른 방향으로 진행될 수 있는 반구조적 면담의 제한점을 극복하기 위해 치료사는 면담 전에 진행될 내용에 대한 대략적인 틀을 미리 만들어 세분화하고 기록하여 자신의 계획에서 크게 벗어나지 않도록 준비하는 것이 도움이 된다. 어떤 주제를 어떤 순서로 진행시키며 질문할 것인지, 어떤 점을 더 중점적으로 다룰 것인지, 또는 어느 정도의 시간을 면담에 할애하고 그것을 어떻게 효율적으로 분배할 것인지 등에 대한 계획은 면담 기술에 익숙하지 않은 치료사에게 진행의 지침으로 도움을 줄 수 있다. 또 대상자가 진술하는 모든 내용을 면담과 동시에 받아 적을 수 없기 때문에 필요에 따라 내용을 녹음하거나 예상 질문을 미리 만들어 해당될 때 기록할 수도 있다.

(3) 비구조적 면담

비구조적 면담(Unstructured interview)에서는 면담 과정에 대한 가이드라인이 최소화되고 융통성 있게 적용되어 대상자가 자신의 말을 충분히 할 수 있도록 허용된다. 그러나 '비구조적' 이라는 용어가 아무런 계획이나 방향이 없다는 것을 의미하는 것은 아니기 때문에 치료사는 규명된 문제나 주제와 관련하여 대상자가 많은 정보를 내어 놓을 수 있도록 주의를 기울여 방향을 유지해야 하므로 매우 숙련된 면담 기술이 필요하다. 치료사는 대상자의 반응을 따라가기도 하고 인도하기도 하며 경우에 따라서는 면담을 중단하거나 늘릴 수도 있기 때문에 반구조적 면담이나 구조적 면담보다 더 예측 불가능하고 불안정하다. 이러한 특징 때문에 구조적 면담이나 반구조적 면담을 시행한 후에 더 깊고 구체적인 정보를 추가로 얻기 위해서 비구조적 면담을 시행하기도 한다.

다른 면담 방법들과 마찬가지로, 일반적으로 치료사가 중심 질문이나 세부 문항 내용과 구조를 결정하고 대상자들의 반응을 어떻게 측정할 것인가에 대한 기준을 결정한다. 이는 치료사가 가지고 있는 평가에 대한 접근 방법이나 철학에 영향을 받을 수 있다는 것을 의미하며, 대상자나 상황에 따라 적절하게 적용될 수 있기 때문에 치료사의 임상적 전문성이 중요한 요소로 작용한다. 또 이러한 제한점 때문에 치료사의 주관적 판단이나 편견에 의해 일관되지 않은 결과와 해석이 발생할 수 있기 때문에 신뢰도에 대한 문제가 발생하기도 한다.

그럼에도 불구하고 비구조적 면담이 임상 현장에서 자주 사용되는 이유는 이러한 개방형 면담 과정을 통해 치료사가 미처 생각하지 못했던 정보까지도 얻을 수 있으며, 면담 과정에서 충분한 확인과 추가적인 질문들을 융통성 있게 사용함으로써 풍부하면서도 타당성 있는 응답을 얻어 낼 수 있다는 이점이 있기 때문이다. 음악치료의 진단평가 과정에서도 치료사는 대상자나 대상자의 부모들과 비구조적 면담을 자주 진행함으로 치료의 방향이나 계획을 설정하는 데 유용한 정보들을 많이 얻을 수 있게 되지만, 면담의 방법만으로 치료의 목적이나 방향을 결정할 수 없으며 세션 중의 관찰이나 음악적 성취 수준 평가 등의 다양한 방법으로 추가적 정보를 수집해야 한다.

2) 관찰

부모나 교사 등과의 인터뷰를 통한 정보 수집도 근본적으로는 그들의 관찰에 의한 정보인 것처럼, 특히 대상자가 아동인 경우에, 자연적인 상황이나 특별히 고안된 상황하에서 대상자를 관찰하는 것은 많은 유익한 정보를 제공한다. 관찰(observation)에 의한 평가는 특정한 시간과 특정한 상황에서의 직접적 관찰을 통해 정보를 수집하고 요약하기 위해 미리 조정되고 한정되며, 특별한 범주를 갖는 데이터 수집 체계로 규명될 수 있다. 즉, 자연적 또는 특정 상황하에서의 행동을 관찰하고, 각 행동을 객관적으로 분류하고 기록하며, 얻어진 데이터의 신뢰도와 타당도를 확인하고, 그 데이터를 양적 혹은 질적 정보로 변환하는 과정을 거쳐야 한다.

임상 현장에서의 관찰은 면담의 방법과 마찬가지로 구조적으로 시행될 수도 있고 비구조적이나 자연적인 상황에서 이루어질 수도 있다. 그러나 면담이 주로 언어적으로 표현된 정보에 의존하는 것과는 달리 관찰은 특정 행동의 빈도나 지속 시간 등의 객관적인 방법으로 데이터를 수집하게 된다. 관찰이 주요 정보 수집의 방법으로 사용되는 행동주의적 진단평가의 경우에는 종종 치료 전체 과정과 협력하여 진행되는데, 문제를 규명하거나 변화가 필요한 행동을 결정하고 기록하며, 그것의 진보를 기록하는 과정에 관찰이 이루어진다. 바람직한 행동이건 문제 행동이건 간에 관찰된 목표 행동에 대한 정보는 치료의 효과나 적용의 적절성 등을 평가하는 데 기초 정보가 되기 때문에 문제 행동의 규명뿐만 아니라 그 행동의 특성에 맞는 관찰 방법의 선택이나 기준, 기록, 자료의 해석과 평가 등을 정확히 수행할 수 있는 지식과 기술이 중요한 요소가 된다.

인터뷰에서 수집된 정보와 마찬가지로 관찰에 의한 정보의 신뢰도와 타당도는 이 자료 수집 방법의 약점으로 주장되어 왔다. 이러한 문제는 특정 상황에 적합한 기록 방법을 선택하여 보완할 수 있는데, 임상이나 심리교육학적 과제에서는 주로 서술적 기록, 동간격 기록, 사건 기록, 등급 기록법 등이 사용될 수 있다. 서술적 기록법(narrative recording)은 행동에 대해 자세히 기술된 정보를 제공해 주며, 동간격 기록법(interval recording)은 일정 시간의 일정 간격 안에서의 행동에 대한 정보에, 사건 기록법(event recording)은 관찰 기간 동안 일어난 사건이나 특정 행동에 초점을 둔다. 등급 기록법(rating recording)은 관찰 기간이 끝났을 때 목록대조표(checklist)나 등급척도(scale)를 사용하여 관찰 행동에 대해 기록한다.

이러한 방법을 사용하여 관찰된 반응을 기록하는 데 가장 중요한 요소는 관찰하는 반응 혹은 대상자의 변화를 보고자 하는 목표 행동이 가장 적절한 단위로 측정되고 있는가에 대한 확인이다. 일반적으로 행동을 나타내는 단위로는 빈도와 지속 시간, 잠복 시간, 강도 등으로 측정될 수 있으며 서술적 기록법 사용 시에는 반응의 모양을 묘사함으로 기록할 수 있다. 따라서 다양한 측정 단위와 관찰 행동과의 적합성이 높을수록 신뢰도가 높은 데이터가 수집될 수 있는데, 예를 들어 장애 아동의 언어적 교류를 측정함에 있어서 아이의 현재 상태나 특성에 따라 빈도가 중요할 수도 있고 언어구사의 지속 시간이 중요할 수도 있으며, 혹은 자신의 의사를 표현하기 시작할 때까지의 잠복 시간이 중요할 수도 있다. 이것은 전적으로 치료사가 결정해야 하는 문제이기 때문에 높은 신뢰도와 타당도를 위해 목표 행동을 정확히 규명하고 그것의 특성을 가장 잘 나타낼 수 있는 측정 방법을 선택하는 것이 필수적이다. 또한 관찰자의 기억력 사용을 최소화할 수 있도록 관찰 시간의 길이가 적당해야 하며, 따라서 체계적으로 수집된 데이터의 신뢰도와 정확도를 검사할 수 있는 과정을 포함해야 한다.

(1) 목록대조표

목록대조표(Checklist)는 가장 사용하기 용이한 방법 중의 하나로, 발생 가능한 대상자의 반응이나 행동의 목록을 미리 작성하여 그것들이 발생했는지의 여부, 정확한 반응인가의 여부, 적절한 반응인가의 여부 등을 확인하여 간단히 목록에 표시하는 방법이다. 많은 임상 현장이나 작업 현장에서 일상적으로 발생하는 일이나 상황을 점검하기 위해 주로 사용되며, 그룹이나 개인 모두의 반응을 기록하는 데 사용할 수 있다. 처음 대조표를 개발하여 적용하기 위해서는 실제 사용 전에 모의 검사를 통해 사용의 적절성을 확인할 필요가 있으며, 문제가 발견되었을 때 그것을 수정하고 보완하여 현장에서 적용하게 된다. 목록대조표의 경우는 매우 단순하고 1차원적인 정보만을 제공하므로 임상에서의 사용에서는 다른 방법과 함께 보완적으로 적용하는 것이 바람직하다.

(2) 사건 기록법

빈도 기록법으로도 불리는 사건 기록법(Event recording)은 일정한 시간 동안 어떤 행동이 몇 번이나 발생했는지 그 횟수를 헤아려 기록하는 방법을 의미한다. 비교적 짧은 시간 내에 빈번히 일어나는 행동을 관찰하여 기록할 때 많이 사용되는데, 관찰자가 관찰하려는 행동에 대해 정확한 조작적 정의를 세운 후 그 행동의 발생 빈도를 측정할 수 있다. 그러므로 행동의 규정이 모호하거나 너무 빨리 사라져 버리는 행동, 혹은 빈도의 간격이 너무 길어서 발생의 효과가 크지 않은 경우 등에는 사용하기 어렵다. 음악치료 세션에서 아동이 치료사와 눈 마주침을 하는 빈도, 부정적 언어 표현의 빈도, 또는 자신의 순서에 정확하게 악기를 흔들어 연주하는 빈도 등을 측정하여 기록할 수 있다.

(3) 지속 시간 기록법

관찰 행동의 특성상 얼마나 자주 일어나는가보다 얼마나 오랫동안 그 행동이나 반응이 지속되는가가 더 중요한 경우에는 지속 시간을 측정하는 기록법(Duration recording)을 사용한다. 예를 들어, 음악치료 세션 중에 아동이 드럼을 사용하여 치료사와 함께 즉흥연주를 하는 상황에서는 얼마 동안 그 연주가 지속되었는지가 더 중요한 반응 요소가 된다. 이때 연주 처음 시작 순간부터 아동이 연주를 그치고 이탈할 때까지의 지속 시간이 측정되고 평가될 수 있다. 행동의 특성에 따라 지속 시간 측정의 단위는 초, 분, 시 단위 등으로 다양하게 측정될 수 있으며 초시계 등을 사용하기도 한다. 비디오 등으로 세션 전체가 녹음된 경우는 정확하게 시작 시간부터 종결 시간까지의 간격을 기록할 수 있으며, 특히 치료사가 직접 관찰도 병행해야 할 경우에는 세션이 끝난 후에 녹화한 화면을 보면서 지속시간을 측정하는 것이 더욱 정확한 방법이 된다. 또한 행동 발생의 총 지속 시간을 측정하는 방법과 각각의 발생 행동에 대해 지속 시간을 측정하는 방법으로 분류하여 기록할 수 있다.

(4) 반응 지연 시간 기록법

시간을 측정한다는 점에서는 지속 시간 기록법과 같으나, 지속 시간 기록법이 발생 행동의 시작부터 소멸까지의 시간을 측정하는 반면 반응 지연 시간 기록법(Latency recording)에서는 목표 행동 발생을 위해 지시나 자극이 제시되는 시간부터 대상자의 행동이 시작되는 순간까지의 시간을 측정한다는 것이 전자와 구별되는 특징이다.

음악치료 세션에서는 치료사가 대상자에게 언어적으로 혹은 비언어적으로 많은 지시를 주게 되는데, 이때 대상자가 그 자극에 대해 얼마나 빨리 반응을 시작하는지를 측정하게 된다. 예를 들면, 뇌성마비 아동에게 건반에 불이 들어오는 키보드를 사용하여 잘 아는 노래를 연주하도록 할 때 눌러야 할 순서의 건반에 불이 들어온 직후부터 아동이 자신의 손가락으로 그 건반을 누르는 순간까지의 시간을 측정하여 운동 기능이나 시각 추적 기능 등의 변화를 측정할 수 있다. 따라서 반응 지연 시간 기록법에서는 행동의 시작이 분명한 경우에만 사용할 수 있으며, 지연 시간과 정확하지 않은 반응율의 관계, 즉 지연 시간이 짧아지기는 하지만 반응의 정확도가 떨어질 수 있다는 점을 주의 깊게 살펴야 한다.

(5) 동간격 기록법

동간격 기록법(Interval recording)은 정해진 관찰 시간을 동일한 단위 시간 간격으로 작게 나누어 그 단위 시간에 행동이 발생되었는지를 기록하는 방법이다. 얼마 정도의 단위 시간으로 간격을 나누어야 하는지는 관찰 행동의 특성에 따라 다양하게 적용될 수 있는데 기존의 연구 문헌들이나 예비 검사의 결과에 따라 적절하게 관찰자가 시간을 나누어 적용할 수 있다. 관찰자가 정해진 시간 길이 동안 지속적으로 대상자를 관찰하여 목표 행동의 발생 여부를 확인해야 하므로 너무 시간 단위가 길거나 반대로 너무 짧은 경우 정확한 측정을 기대하기 어렵다. 또한 기록을 위해 관찰자가 대상자로부터 시선을 돌렸을 때는 정확한 관찰이 이루어지지 않을 수 있기 때문에 관찰 시간과 기록 시간을 분배하여 단위를 설정한 후 관찰 시간 동안에만 행동을 측정하기도 한다. 예를 들어 40분 동안 지속되는 음악치료 세션을 4분 관찰 후 1분 기록 시간 단위로 나누어 관찰하면 총 8회의 관찰과 기록 기회가 만들어지게 되며, 치료사 또는 관찰자는 각 관찰 기간 동안 목표 행동이 발생했으면 (+)로, 발생하지 않았으면 (−)로 표시하면 된다.

(6) 순간적 시간 표집법

순간적 시간 표집법(Momentary time sampling)은 동간격 기록법처럼 정해진 관찰 시간을 작은 단위로 나누어 관찰하는 것은 같으나, 나누어진 관찰 시간 동안 계속 관찰하는 것이 아니라 각 정해진 단위의 순간에 관찰 행동이 발생하고 있는지의 여부를 측정하는 방법이다. 즉, 50분의 세션을 5분 간격으로 나눈 후 매 5분이 경과하는 시점에서 대상자의 관찰 행동이 발생했는지 또는 지속되고 있는지 등을 기록하게 된다. 이는 동간격 기록법처럼 지속적으로 행동을 계속 관찰을 해야 한다는 부담이 없으며 치료사의 역할과 관찰자의 역할을 병행하는 데도 큰 어려움을 피할 수 있다. 그러나 이러한 기록법의 사용은 경우에 따라 관찰 행동의 발생을 정확하게 측정하지 못하는 오류를 범하기 쉬운데, 예를 들어 치료사가 매 5분 간격으로 환자의 틱 증상을 관찰하여 기록한다면 짧은 순간에 발생하는 틱 행동은 관찰 기록 시점에 일어날 확률보다 더 많은 시간이 할애되는 관찰 외의 시간에 발생할 가능성이 더 높기 때문이다. 그러므로 이러한 기록법을 사용하기 위해서는 관찰 행동이 비교적 오래 지속되거나 항상 유지되고 있어야 할 행동이나 상태인 경우에 적절하며, 또한 여러 대상자를 한 세션 안에서 관찰해야 할 때 관찰 시점을 대상자마다 다르게 적용하여 기록할 수 있다는 이점이 있다.

3) 검사

대상자에 대한 정보와 현재 상태를 파악하고 조사하는 방법 중의 하나는 특정 검사(Testing) 과정을 거치는 것이다. 이 과정은 기존에 많이 사용되고 있는 표준화된 도구(standardized test)를 사용할 수도 있고, 치료사들이 특정 대상자 그룹을 위해 특별히 고안하고 동료 전문가들에 의해 공식적으로 인정되어서 널리 쓰이는 도구(formal test)일 수도 있으며, 또는 치료사가 한 대상자 혹은 그룹을 위해 자체적으로 검사 도구(informal test)를 만들어 개인적으로 사용할 수도 있다. 검사 결과는 대상자의 성취 수준을 파악하거나, 치료나 교육의 효과를 평가하거나, 혹은 프로그램의 효율성과 적합성 등을 조사하는 데 사용된다.

음악치료에서는 일반적으로 치료 효과에 대한 검증을 위해 신뢰도나 타당도를 인정받은 표준화된 검사 도구나 공식적 검사 도구를 자주 사용하게 되는데, 예를 들어 불안 감소를 위해 Spielberger의 상태 특성 불안 척도(State and Trait Anxiety Inventory: STAI)를 치료 전과 후에 사용하여 대상자를 측정한 후 각각의 점수 변화를 비교하여 불안 점수가 감소하였는지를 측정한다든지 Beck의 우울증 척도(Depression Inventory: BDI)를 사용하여 대상자의 우울감 변화를 측정하는 등이다.

그러나 이러한 도구의 사용은 음악치료 진단평가 시행의 목적인 대상자의 필요와 장·단점을 규명하는 것과는 거리가 있는 것으로서 도구의 사용으로 음악치료의 장, 단기 목적을 설정하거나 대상자의 현재 상태를 파악할 수 있는 정보를 얻기는 힘들다. 때로 치매 환자에게 GDS(Global Deterioration Scale) 척도를 사용하여 인지 기능의 감퇴 정도를 파악하거나 다면적 인성검사(Minnesota Multiphasic Personality Inventory: MMPI)로 개인의 인성 특징의 비정상성 혹은 징후를 평가하여 치료에 적용하는 등의 특정 진단 혹은 기능 평가 도구들이 사용되기도 하지만, 이들 도구는 전반적 기능을 평가하기보다는 특정 영역의 이상 정도를 평가하는 것으로 제한되어 있다는 약점이 있다.

음악치료에서는 일반적으로 대상자의 강점과 약점을 파악하고 그들이 시급히 요구하는 필요가 무엇인지를 이해하여 치료의 목적 설정에 필요한 준거를 얻기 위해 시행하는 진단평가가 사회적, 인지적, 정서적, 신체적, 언어적, 음악적 영역 등 다방면의 기능과 상태를 평가 대상으로 하기 때문에 어느 한 영역에 국한되어 있는 특정 도구의 사용은 치료사에게 많은 정보를 제공해 주기 어렵다. 또 여러 가지 이유로 인해 기존의 검사 도구에 적절하지 않은 대상자들에게는 음악활동 안에서 자연스럽게 반응을 유도하여 검사하는 것이 더욱 바람직하다.

4) 일지

정보 수집의 또 다른 방법으로는 치료사가 대상자에 대한 관찰이나 면담, 검사, 음악활동 등의 특정 상황이 끝난 후, 자신의 의견을 적어서 기록하는 결과물(Journal/ Logbook/ Diary)일 수 있다. 관찰을 통해 대상자의 반응을 기록한다는 것은 관찰 기록과 같으나, 관찰 기록이 치료사의 추측이나 생각을 배제하고 완전히 객관적인 정보만을 기술해야 하는 반면에, journal이나 logbook에서는 치료사 자신의 의견이나 느낌, 추측 등의 다양한 정보가 제한 없이 기술될 수 있다.

신뢰도와 타당도를 고려할 때, 이러한 기록은 객관적으로나 공식적으로 사용될 수는 없으나 대상자에 대한 특수한 정보를 보다 자세하게 기록할 수 있기 때문에 치료사에게 더욱 많은 정보와 자료를 제공한다는 이점이 있다.

5) 다른 전문가들의 공식적 기록

음악치료사는 의사나 교사, 혹은 대상자가 현재 받고 있는 다양한 치료나 서비스와 관련된 임상 전문가들이 대상자에 관해 작성한 공식적 차트나 기록을 통해 필요한 정보를 얻을 수 있다. 대상자의 기록을 이용할 때는 필요한 절차를 거쳐 해당 전문가로부터 직접 정보를 획득하거나 대상자나 보호자를 통해 다른 치료사나 전문가들이 작성한 의뢰서나 소견서 등을 건네 받아 자세한 정보를 얻을 수도 있다. 그러나 어떠한 경우에도 법을 어기거나 대상자의 사생활이 침범되는 방법으로 정보를 요구하거나 유출시켜서는 안 된다.

2. 측정 도구의 유형

음악치료가 그 뿌리를 보건 전문 영역에 두고 있기 때문에 많은 연구자들이 대상자의 필요를 규명하고 치료 과정을 평가하기 위한 음악치료 진단평가 도구의 사용을 연구하였고, 그동안 발표된 대부분의 진단평가 과정들은 간단한 목록대조표(checklist)를 사용하거나 환자의 구어적 보고에 전적으로 의존해 온 것으로 나타났다(Wells, 1988).

예를 들어, Johnson(1968)은 정신지체 대상자들을 평가하기 위해 목록대조표를 사용하였는데 그는 이러한 대조표가 치료사의 주관적 판단을 가장 최소화하면서 특정 정보를 객관적으로 기록할 수 있는 최적의 방법이라고 주장하였다. Lord(1971)는 활동 치료에 대한 이해를 증진시킬 뿐 아니라 특정 치료 목표를 달성하기 위한 활동들을 소개하는 열두 개의 단기 목적이 포함된 간단한 작업표를 제시하였으며, Braswell, Brooks, Decuir, Humphrey, Jacobs, Sutton(1986) 등도 대조표와 단답형, 5점 척도로 이루어진 정신과 환자를 위한 초기 진단평가 도구를 만들어 소개하기도 하였다.

다른 전문가들과 함께 팀원으로 근무하거나, 제삼자에게 음악치료 적용의 당위성을 설명하고 증명해야 할 때, 또는 치료의 효율성을 증명하고자 할 때 얻고자 하는 정보의 특성에 따라 다양한 방법으로 대상자의 반응을 측정하고 평가할 수 있다. 매우 유용하게 사용할 수 있는 대표적 방법들은 다음과 같다.

1) 목록대조표

일반적으로 목록대조표(Checklist)가 개발되거나 사용되는 가장 큰 이유는 치료사의 시간 소모를 줄여 줄 수 있다는 점과 평가의 결과를 객관화하거나 수량화하기 쉽다는 이점 때문이다. 이 방법은 도구의 항목들이 가지고 있는 특성이나 질문의 내용에 따라 간단하게 해당 사항의 여부를 표기하는 방법으로 평가자에게 측정의 편리성과 결과 산출의 용이성을 제공하지만, 이미 항목과 예측 응답이 구조화되어 있기 때문에 그 이상의 정보를 얻기는 힘들다. 또한 비전형적 행동이나 대상을 평가하는 데는 제한점을 가지고 있다.

흔히 생각하는 목록에 의한 발생 여부를 체크하는 방법 외에도 변형된 다양한 방법들이 사용될 수 있다.

(1) 선다형

선다형 방법(Multiple choice)은 심리학이나 교육학에서의 평가에서 흔히 사용되는 측정 방법이며, 인지적인 부분뿐 아니라 정서적, 행동적 반응까지도 사정할 수 있도록 사용된다. 선다형 항목은 질문뿐 아니라 그에 따른 몇 개의 가능한 대답을 미리 제시해 평가자가 그중에서 선택하도록 한다.

예: 리듬악기로 치료사가 연주하는 리듬을 정확하게 모방하는 능력은? ( )

1. 심각한 문제를 보인다.
2. 도움을 받으면 가능하다.
3. 완전하게 모방할 수 있다.

선다형 문항을 만들 때 선택할 수 있는 대답 항목의 이상적인 수에 대해서는 아직도 의견이 분분하다. 그러나 너무 적으면 양자택일의 유형이 될 수 있고 너무 많으면 대답의 신뢰도와 타당도에 영향을 미치게 되므로 적정한 수준에서 대답의 항목 수를 결정하는 것이 필요하다.

질문은 객관적이면서도 명료해야 한다. 질문이 어떤 특정 방향을 가지고 있어서는 안 되며 전제 조건이나 치료사의 선입견 등이 내포되어 있어서도 안 된다. 또 질문은 한 문항에 한 가지 상황이나 사건에 대해서만 초점을 두어 물어야 하며 직접적으로 질문을 하여 도구를 사용하는 평가자의 추측이나 추론을 최소화해야 한다. 평가의 신뢰도는 길이가 길수록 높아질 수 있다.

(2) 예 · 아니요 또는 진실 · 거짓

질문이 묻고 있는 사항에 대해 Yes나 No, True나 False 등으로 평가할 수 있는 방법이다. 매우 간단하고 시간적 효율성이나 시행의 편의성이 있지만, 질문이 모든 상황에 다 적용될 수 있도록 하기 위해 너무 포괄적이 되거나, 혹은 특정한 상황에만 적절하도록 너무 제한적이 될 수도 있다. 또한 Yes · No, True · False는 양 극단의 반응을 요구하기 때문에 두 극단의 사이에 있는 정보는 얻을 수가 없다. 특히 좀 더 구체적이고 자세한 정보를 도출해야 하는 경우에는 간과되는 부분이 많을 수밖에 없고, 따라서 높은 타당도를 기대하기 어려울 수도 있다.

예: 대상자는 지난 시간에 불렀던 노래를 기억할 수 있다.
Yes ( ) / No (×)
대상자는 치료사를 기억할 수 있다. Yes ( ) / No (×)

(3) 척도

일정한 간격으로 가능한 대답을 배열한 후, 그 간격에 따라 평가자가 적절한 위치에 기록할 수 있도록 한다. 이 방법은 시각적으로 각 대답 간의 격차를 볼 수 있도록 하며, 거리와 떨어진 정도에 따라 평가된 반응을 보다 객관적으로 해석할 수 있도록 한다. Likert가 개발한 likert type의 5점 척도(scale)가 주로 사용되는데, 가중치에 의한 문제로 인해 간격의 숫자가 얼마만큼 나뉘어야 하는가에 대한 논의와 선택의 중간점을 제공하는 문제로 인해 제시되는 등간의 수가 짝수이어야 하느냐 홀수이어야 하는가에 대한 논의는 지금도 진행 중이다. 주로 5점 척도를 사용하지만 경우에 따라 3점이나 7점 척도로 사용하기도 하며, 점수를 매 눈금마다 제시하는 대신 양 극단의 끝만을 제시한 채 눈금 위에 자신이 원하는 위치를 선택해 기록하도록 하기도 한다.

예: 아동은 치료사의 언어적 지시에 즉각적으로 반응한다.

I________I________I________I________I________I
0　　　　1　　　　2　　　　3　　　　4　　　　5

0: 전혀 반응 안함　　　1: 적극적인 도움 필요
2: 소극적인 도움 필요　　3. 매우 지연된 반응 보임
4: 약간 지연된 반응 보임　5: 즉각적 반응

2) 단답형

단답(Short answer) 유형은 비교적 적은 양의 정보를 비구조화된 양식으로 대답하는 것을 의미한다. 즉, 평가자가 미리 구조화된 응답 중에서 선택하는 것이 아니라, 평가자 자신의 말로 적절하게 기록할 수 있도록 한다. 따라서 특정성의 정도나 포함하는 정보의 정도는 매우 다양하며, 일반적으로 한 단어로 대답하도록 하는 단답형부터 좀 더 긴 문장으로 대답하는 서술형까지 다양한 길이로 대답하는 것을 요구한다.

이 방법은 다른 유형보다 평가자에게 융통성이나 자유로움을 많이 제공하지만, 결과를 종합하거나 점수화하는 것에는 한계를 보인다. 또한 완전한 서술형보다는 비교적 시간적 효율성을 갖고 있으나 평가자의 기억이나 추측에 의존하게 되는 경우도 있으며, 평가자의 의도와 다른 방향의 정보가 수집되거나 적절하지 않은 내용의 정보가 기록될 수도 있다는 단점이 있다. 그러므로 이러한 유형의 질문은 한 문장에 한 가지 내용만을 묻는 명료함이 필수요소가 되며 필요에 따라 추가적 정보를 옆에 적을 수 있도록 하는 것이 좋다.

예: 대상자가 선호하는 악기는?
-촉각 진동을 경험할 수 있는 드럼류의 악기들

3) 서술형

실제적으로 임상 현장에서 많이 사용하는 방법으로, 대상자의 행동이나 상황, 사건 등을 자세하게 기록하는 서술형(Descriptive/Essay) 평가이다. 이 방법은 비교적 자세한 정보를 제공하고, 각 대상자나 각 상황의 특색에 맞춰 사용할 수 있다. 특히 심리 역동적 또는 심리 분석적 음악치료 현장에서는 이러한 방법이 선호되고 있는데, 이는 평가되어야 할 대상의 객관적으로 관찰되는 행동뿐만 아니라 치료사와 대상자 간의 내면의 변화와 교류 등도 고려 사항으로 간주되기 때문이다.

그러나 무엇보다 이 방법은 시간이 많이 소모되는 불편함이 있으며, 치료사 개인의 서술 능력도 중요한 요인이 될 수 있다. 또한 수집된 정보를 데이터화하거나 수량화하는 데 매우 한계가 있으며, 특히 치료 팀의 일원인 다른 전문인들과의 의사소통이나 정보 교환에 어려움을 갖고 있다. 일반적으로 이 형태의 평가는 활동이 끝나고 난 후에 기록되기 때문에 치료사의 기억에 의존해야 하는 문제를 내포하고 있다. 따라서 세션을 녹화하여 객관적으로 관찰하면서 관찰 기록지(〈표 7-1〉)에 기록하는 것은 수집된 정보의 객관성과 신뢰도를 높일 수 있을 뿐 아니라, 치료사가 활동 중에 인지하지 못했던 정보까지도 수집할 수 있는 좋은 도구가 된다.

〈표 7-1〉 대상자 관찰 기록지의 예

시작 시간: 종료 시간:

대상자 I.D.	대상자 묘사	동작 또는 행동	사회적 교류	물리적 환경

제8장

대상별 음악치료 진단평가 연구

음악치료를 시행함에 있어 진단평가 과정은 매우 중요한 역할과 의미를 갖고 있다. 그것은 치료 대상자의 특성을 파악하고 이해하도록 하며, 적절한 치료 목적의 설정을 도와 치료 진행 방향을 제시하고, 또한 치료 효과를 검증하도록 하는 다단계적 역할을 수행한다. 그러나 이런 중요성과 의미에도 불구하고 음악치료 진단평가의 연구와 개발은 충분히 이루어지지 못한 채 도외시되어 왔다. 많은 치료사들이 사용이 편리하면서도 대상자의 상태를 정확하게 파악할 수 있고 다른 전문가들과 그 결과를 공유할 수 있는 신뢰도 높은 진단평가 도구의 필요성에는 공감하면서도 치료 대상자의 다양성과 치료 시행 기관의 다양성, 그리고 치료사 자신들의 철학적, 이론적 배경의 다양성을 이유로 나름대로의 방법을 고수한 채 비공식적으로 평가를 시행해 왔기 때문이다.

이러한 상황하에서도 몇몇 진단평가 연구는 저널이나 논문, 단행본 등의 형태로 출판되어 음악치료 현장에 적용될 수 있도록 발표되었다. Cole(2002)은 이렇게 음악치료사들이나 관련 전문가들에 의해 고안되고 출판된 도구와 과정을 소개하고 있는데, 특별한 훈련이 요구되지 않는 진단평가 도구들로 공인된 음악치료사들이면 누구나 사용할 수 있다. 그녀가 소개한 도구들과 그 외의 몇몇 도구들을 대상자별로 요약하여 정리하면 다음과 같다.

1. 아동

Cleveland Music School Assessment of Infants and Toddlers
저자: Libertore & Layman (1999)
대상: 영유아(0~3세)
기관: 병원/의료기관

이 발달 단계적 진단평가는 의학적 상황에 기인하여 발달이 지연되고 있는 영유아들을 위하여 개발되었다. 이 도구의 근본적 의도는 대상자들의 기능 수준을 결정하고, 치료 목적 설정의 근거로써 표준화된 진단평가를 개발하고, 음악치료의 긍정적 영향에 대한 증거를 다른 임상 전문가들에게 제공하기 위함이다. 본 도구는 다양한 임상 전문가들이 사용 중인 몇 개의 도구들과 다른 치료사들로부터 얻은 정보에 기반을 두었다. 양식은 발달연령에 기준을 두었으며 다섯 개의 목적 영역에 대한 대상자의 기능을 치료사가 yes · no 부분에 원으로 표시하도록 되어 있다. 저자들은 진단평가 양식과 세션 계획, 진단평가 선택, 구조, 채점에 대한 가이드라인을 제공하고 있다.

Special Education Music Therapy Assessment Process (SEMTAP)
저자: Coleman & Brunk (1999)
대상: 학령기 아동
기관: 공립학교

본 도구는 저자들이 18여 년간 20개의 다른 학군에서 일했던 경험에 근거하여 만들어졌다. 그 과정은 음악치료가 아동에게 필요한 서비스인지를 판단하는 적격성 검사 시행에 대한 특정한 형식을 제공한다. 진단평가 과정을 보여 주는 것 외에, 어떻게 진단평가를 시행할 것이며 공립학교에서의 적격성 검사 과정에 대한 일반적인 질문들에 답을 제시하고 있다. 또 특별 교육법령과 공립학교 특수교육에서의 음악치료 역할에 대해서도 설명하고 있다. 저자들은 음악치료사가 공립학교에서 일할 때 도움이 되는 진단평가 양식과 질문지, 발표 자료 등의 자료들을 제공하고 있다.

Music Therapy Assessment for the Diagnosis of Autism and Communication Disorders in Children
저자: Wigram (2000)
대상: 자폐나 의사소통 장애의 가능성이 있는 아동
기관: 병원, 학교

본 진단평가 과정은 즉흥연주 경험을 통해 치료사가 자폐나 의사소통 장애를 가지고 있는 아동들의 행동과 교류를 평가하도록 한다. 저자는 자폐나 의사소통 장애에 대해 감별 진단을 제공하기 위해 다양한 즉흥연주 기술을 사용하고 있다. 대상자의 반응은 병리적 요소와 음악적 소재에서의 신체적, 촉각적 반응에 기초하여 평가된다. 그리고 음악적 반응의 분류를 위해 Bruscia의 Improvisation Assessment Profile을 이용하고 있으며 그 결과는 특정 진단을 지지하는 데 사용된다. Wigram은 특정 사례의 예를 통해서 이 과정을 묘사하고 있으며, 본 진단평가 과정의 긍정적 측면과 부정적 측면 모두에 관해 논하고 있다.

Music Therapy Assessment
저자: Boxill (1985)
대상: 발달장애 아동 및 성인
기관: 모든 임상 현장

Boxill은 『Music Therapy for the Developmentally Disabled』라는 저서에서 '진단평가, 치료, 계획(Assessment, Treatment, and Planning)' 부분에 해당 양식을 포함하고 있다. 저자는 음악치료 진

단평가에 대한 다양한 연구 중심의 접근법을 제시하고 있으며, 평가 과정에서의 일부분으로서 특징적이며 손상된 발달 정도에 대한 이해가 중요함을 강조하고 있다. 또 주요 목적 영역에 대한 자세한 설명을 제공하고 있다. 이 장에서는 실제적인 평가 양식과 각 평가 분야의 예, 그리고 예시 목적과 각 영역에 대한 목적 등을 제시하고 있다.

Music Therapy - Minnesota Assessment Profile (MT-MAP)
저자: Kim (2005)
대상: 발달 장애 아동
기관: 모든 임상 현장

전반적 발달장애 아동을 위해 고안된 본 진단평가 도구는 아동의 음악치료 목적 설정과 치료의 방향 제시를 지원하기 위해 고안되었다. 크게 다섯 개 영역으로 구분되어 있는 본 도구는, 가장 먼저 대상자의 개인적 정보를 수집하도록 되어있으며, 이는 기존의 다른 전문가들이나 교사, 보호자 등에 의해서 수집된 정보들로 작성된다. 두 번째 영역은 부모와의 면담 영역으로 아동에 대한 부모의 견해나 의견 등을 반영할 수 있도록 하여 치료사가 아동뿐만 아니라 부모나 보호자 등과의 관계 등을 참고할 수 있도록 되어 있다. 세 번째 영역은 음악치료 활동 안에서 치료사가 아동을 관찰하면서 정보를 수집할 수 있도록 되어 있는데, 많은 진단평가 도구들이 대부분 사회적, 인지적, 정서적 영역 등으로 구분되어 대상자의 행동을 관찰하도록 하는 것과는 달리 본 도구의 특징은 음악치료 세션에서 주로 사용되는 노래 부르기, 악기 연주, 감상, 동작, 음악 창작 그리고 인사, 노래 활동 등의 영역으로 나누어 그 안에서 의사소통 기술, 인지 기술, 운동 기술, 정서 기술, 사회 기술, 음악 기술을 평가할 수 있도록 하였다. 각 영역은 음악활동 시에 기대되거나 방해되는 행동들을 나열하고 있으며 각각의 항목들은 미리 연구자에 의해 해당 기술 영역과 연결되어 있다. 따라서 각 활동 중에 산출된 점수들은 각 기술 영역의 총점으로 합산되어 기록할 수 있다. 네 번째 영역은 각 기술 영역에 해당하는 항목들을 그래프 상에서 볼 수 있도록 재배열하였으며, 마지막 영역에서는 이러한 진단평가 결과에 의거하여 가장 낮은 점수를 받은 기술 영역들과 그 항목들을 정리하여 최종 진단 목적을 도출할 수 있도록 하고 있다.

Pediatric Inpatient Music Therapy Assessment Form (PIMTAF)
저자: Douglass (2006)
대상: 입원해 있는 소아 아동
기관: 병원

병원에 장기간 입원해 있는 아동들에게 효율적인 음악치료를 적용하기 위해 고안된 본 도구는 여덟 개의 영역으로 나뉘어 있다. 처음 세 개의 영역은 아동의 개인적 정보와 의료적 정보, 의뢰 과정 등에 대해 기록하도록 하였으며, 이후 다섯 개 영역은 운동 기술과 인지 기술, 사회/정서 기술, 의사소통 기술, 음악적 행동으로 나뉘어 있으며, 각 영역에 해당하는 몇 개의 항목에 대해 간단히 체크하거나 짧은 단답형으로 대답할 수 있게 하였다. 이 모든 항목이 끝나면 치료사가 권장하는 음악치료의 형태와 목적 영역을 선택하도록 되어 있고, 음악치료 활동에 대해서도 아홉 개의 항목 가운데에서 선택할 수 있게 하였다.

Computer-based Music Perception Assessment for Children (CMPAC)
저자: Waldon & Wolfe (2006)
대상: 아동
기관: 유아원, 학교, 병원

음악치료사가 아동의 음악 감상이나 음악 선택 그리고 행동에 미치는 음악의 효과 등 음악과 관련된 행동에 대해 관찰하고 고려하기 쉽도록 하기 위해 만들어진 본 도구는 컴퓨터를 사용하여 아동의 음악적 지각 능력을 평가하도록 한다. 아동이 자신이 원하는 음악 유형을 컴퓨터 화면에서 클릭한 후에 다시 제시되는 짧은 발췌곡을 선택하여 듣도록 하고 음악을 다시 반복해서 듣거나 중단시키고, 새로운 곡을 선택할 수 있는 방법에 대해 설명받고 자신이 원하는 음악을 선택하여 듣도록 한다. 이 도구를 사용하여 아동이 특정 음악을 듣는 빈도수, 아동이 음악 감상을 지속하는 시간, 아동이 듣는 음악의 순서 등 세 가지 종류의 데이터를 수집할 수 있으며, 음악치료사는 아동이 감상하는 동안의 행동을 서술적으로 기록하기 위해 본 도구를 사용하게 된다. 본 도구는 일반 초등학교 학생과 병원에 입원해 있는 아동들 모두에게 시행하여 검증되었으며, 그 결과 치료사가 입원 아동의 음악치료 의뢰를 결정할 때 매우 유용한 도구로 사용될 수 있다고 제안되었다.

2. 청소년

Music Therapy Assessment for Disturbed Adolescents
저자: Wells (1988)
대상: 정서적 장애가 있는 청소년
기관: 정신과 병원, 장기 치료 센터

이 투사적이고 지지적-진단적 진단평가는 세 가지 과제를 포함하고 있다. 첫 번째, 노래 부르기 과제에서 대상자는 자신을 묘사하고 있는 노래를 사전에 만들어진 목록에서 고른 후 노래를 부른다. 또한 대상자는 네 개의 클래식 음악 제목에 대해 이야기를 적고, 또는 다양한 악기들을 탐색해 본 후, 자신을 잘 묘사하는 하나의 악기를 선택하여 치료사와 즉흥연주를 한다. 그리고 가족 구성원에 대해 각각 악기를 하나씩 선택하여 치료사와 다시 연주하거나 노래를 부른다. 각 과제들은 그 과제에 대한 대상자의 반응에 근거하여 장점과 부족한 부분을 평가 도구의 몇 개 영역에 기록된다. 저자는 반항장애와 경계성 성격장애를 가진 12세 소년의 예를 통해 진단평가 과정의 적용을 설명하고 있다.

3. 성인

Psychiatric Music Therapy Questionnaire (PMTQ)
저자: Cassity & Cassity (1998)
대상: 정신질환을 앓고 있는 아동에서부터 성인
기관: 정신과 병원, 장기 치료 센터, 낮 병원, 개인 시설

본 도구는 AMTA가 인증한 전국의 정신과 임상 훈련 시설에 대해 설문조사한 결과를 바탕으로, 기관에서 가장 빈번히 평가되고 치료되는 환자의 필요 영역과 음악 행동들을 보고한 안내서의 일부분이다. PMTQ는 행동적 인터뷰 질문지로서 BASIC-ID(행동: Behavior, 정서: Affect, 감각: Sensation, 심상: Imagery, 인지: Cognitive, 대인관계: Interpersonal, 약물: Drug)에 근거하고 있다. 평가 과정은 각 BASIC-ID 영역에 대해 치료사가 대상자의 행동을 묘사하고, 각 영역에 대한 특정 프로그램을 규명하며, 제공된 많은 예들에 근거하여 알맞은 음악치료 개입을 선택하도록 하고 있다. 저자는 모델과 진단 평가와 치료 과정 등에 대한 광범위한 기술을 하고 있으며 샘플 양식과 실제적 연습을 제공하고 있다.

4. 노인

Geriatric Music Therapy Assessment (GMTA)
저자: Hintz (2000)
대상: 노인
기관: 양로원, 병원

저자는 장기 치료 시설이나 재활 기관에서 치료 받는 노인들의 능력과 필요, 기능 정도를 묘사, 처방, 평가의 목적을 위해 본 도구를 개발하였다. 본 도구는 인지적 결손이나 신체적 장애가 있는 대상자에게 적용될 수 있으며, 다섯 개의 주요 영역에 대해 사정하도록 고안되었다. 다섯 개 주요 영역은 표현적 음악 기술, 수용적 음악 기술, 행동적 · 심리사회적 기술, 운동 기술, 인지 · 기억 기술 등이며, 이러한 영역은 대상자가 음악 활동에 참여하고 경험하는 동안에 평가되어 유용한 정보를 제공하게 된다.

Musical Assessment of Gerontological Needs and Treatment (The MAGNET Survey)
저자: Adler (2001)
대상: 노인
기관: 양로원, 병원

본 도구는 이전에 발표되고 표준화된 노인을 위한 음악치료 진단평가 도구들의 유용성이 부족한 데 기인하여 개발되었다. MAGNET

은 대상자의 의학적 질환을 진단하는 것을 지원하지는 않지만 음악 치료의 영향하에서 기능적 상태를 측정할 수 있으며, 치료 계획 설립을 도와준다. 또한 그것은 Minimum Data Set(MDS)에 포함되어야 하는 보험 상환 가능한 서비스로서 음악치료가 인식될 수 있도록 하는 데 공헌한다. 많은 영역들과 부속 영역들을 포함하는 것은 물론, 저자는 대상자의 개인적 배경 정보 양식, 음악적 선호도 양식, 행동 관찰 양식, 실제 진단 평가 등을 제공하고 있다. 또한 장비 목록, 시각적 보조 자료, 개인 · 그룹 음악치료 세션 계획의 모델을 포함하고 있다.

Music-Based Evaluation of Cognitive Functioning (MBECF)
저자: Lipe (1995b)
대상: 치매 노인
기관: 양로원, 병원

치매 진단을 받은 노인들의 잔존 음악 능력을 조사하기 위해 고안된 본 도구는 치매의 다양한 단계에 있는 환자들에게 더 적절한 음악치료 전략을 결정하는 데 사용된다. 노래 부르기 네 문항과 여덟 문항의 리듬 과제 등을 포함하는 열두 문항의 음악 수행 과제와 일곱 문항의 언어적 과제 수행을 통해 환자들의 인지적 능력을 평가한다. 언어 과제의 경우에는 0~2까지의 점수를 사용하여 과제 수행의 정도를 측정한다. 2점은 환자가 완벽히 정확한 반응을 보였을 때 주어지며, 1점은 도움을 받아 정확히 과제를 수행하거나 혹은 부분적으로 과제를 수행할 경우, 그리고 0점은 전혀 반응을 보이지 않을 경우에 해당한다. 음악 수행 과제의 경우는 0~3점의 점수를 사용하며, 3점은 정확히 과제를 수행했을 때, 2점은 부분적으로 혹은 도움을 받아 과제를 수행할 경우, 1점은 시각적이나 촉각적 교류 등이 관찰될 때, 0점은 아무런 반응도 보이지 않는 경우를 의미하여, 본 도구의 만점은 50점이다.

5. 모든 대상

Music Psychotherapy Assessment
저자: Loewy (2000)
대상: 모든 대상
기관: 병원, 개인 기관, 클리닉

본 도구는 저자의 15년 임상 경험에 근거해 개발되었다. 진단평가 방법은 다음의 열세 가지 영역에 대한 조사에 기반을 두고 있는데, ① 자신, 타인, 순간에 대한 인식 ② 주제에 대한 표현 ③ 감상 ④ 연주 ⑤ 협동 · 관계 ⑥ 집중 ⑦ 정서의 범위 ⑧ 투자 · 동기 부여 ⑨ 구조의 사용 ⑩ 통합 ⑪ 자아 존중감 ⑫ 위험 부담 ⑬ 독립 등이다. 평가의 접근법은 치료적 관계를 일으키고 다양한 영역을 탐구하는 구조화되고 즉흥적인 음악적 경험을 사용한다. 음악 반응은 질적으로 평가되며, 앞으로의 치료 계획을 수립하는 데 보조적 역할을 하게 된다. 연구는 열세 개의 조사 영역에 대한 조사와 각각에 대한 음악적 표현과 중요성을 보여 주고 있다.

Improvisation Assessment Profiles (IAP)
저자: Bruscia (1987)
대상: 모든 대상
기관: 클리닉, 개인 기관

IAP는 즉흥연주에 대한 임상적 관찰, 음악적 분석 그리고 심리적 해석에 근거한 진단평가 모델을 제공하기 위해 Bruscia에 의해 개발되었다. IAP는 기본적으로 음악적 즉흥연주에 초점을 두고 있으며 여섯 개 측면(통합, 변화성, 긴장도, 일치도, 돌발, 자율성)으로 구성되어 있는데 각각의 측면은 음악적 요소와 그것들의 구성 부분을 가진 하위척도를 포함한다. 평가 단계는 우선, 다양한 상황하에서의 대상자의 즉흥연주를 관찰한다. 그 후에 그 즉흥연주에 대해 음악적 분석을 하고, 마지막으로 자료를 해석한다. IAP의 척도와 규준과 함께 각 측면에 대해 광범위하게 설명하고 있으며, 즉흥 연주에서의 각각의 표현 등을 보여 주고 있다. 또 평가를 시행하는 기술과 음악적 반응을 해석하는 지침을 제공하고 있다.

〈표 8-1〉 발표된 음악치료 진단평가 도구 모음

	연도	저자	대상	기관	목적
CMSA	1999	Libertore & Layman	영유아	영유아 프로그램이 있는 병원	처방적 · 진단적
SEMTAP	1999	Coleman & Brunk	학령기 아동	공립학교	처방적 · 적격성
MTA for DACD*	2000	Wigram	자폐 · 의사소통장애 아동	학교, 클리닉	진단적
MTA for DD**	1985	Boxill	발달장애 아동 및 성인	모든 임상 현장	처방적 · 진단적
MT-MAP	2005	Kim	발달장애 아동	모든 임상 현장	처방적
PIMTAF	2006	Douglass	입원 소아	병원	처방적
CMPAC	2006	Waldon & Wolfe	아동	유아원, 학교, 병원	적격성
MTA for DA***	1988	Wells	정서장애 청소년	정신과 병원, 장기 치료 센터	처방적 · 진단적 · 해석적
PMTQ	1998	Cassity & Cassity	정신질환 아동 및 성인	정신과 병원, 장기 치료 센터, 낮 병원, 개인시설	처방적 · 진단적
GMTA	2000	Hintz	노인	양로원 및 병원	처방적 · 기술적
MAGNET	2001	Adler	노인	양로원 및 병원	처방적 · 기술적
MBECF	1995	Lipe	치매 노인	양로원 및 병원	처방적 · 진단적
MPA	2000	Loewy	모든 대상	병원, 개인 기관, 클리닉	기술적 · 해석적
IAP	1987	Bruscia	모든 대상	클리닉, 개인 기관	기술적 & 처방적 해석적

* Diagnosis of Autism and Communication Disorder

** Developmental Disorder

*** Distwbed Adolescents

제9장

음악치료 진단평가 도구의 선택

어떠한 진단평가 도구를 선택해서 나의 임상 현장에서 사용해야 하는가에 대한 문제는 음악치료사에게 또 하나의 고민거리를 제공한다. 진단평가의 결과는 치료 적용의 근거가 되며 치료가 진행되어야 할 방향을 보여 주는 지도의 역할을 하기 때문에, 정확하고 적합한 지도의 사용이 안전하게 길을 안내하듯이 정확하고 적합한 진단평가 도구를 사용하는 것만이 치료를 안전하게 진행시켜 그 효과를 극대화하고 대상자에게 도움을 줄 수 있기 때문이다. 그렇기 때문에 많은 연구자들이 진단평가 도구의 선택에 대해 지침을 제공하고 있는데 본 장에서는 진단평가 도구의 선택에 대한 자세한 지침을 제시하고 있는 대표적 학자들의 의견을 정리하여 실제 진단평가 도구 선택에 도움을 주고자 한다.

1. Kenneth E. Bruscia의 선택기준

Bruscia(1988)는 음악치료 진단평가 도구들이 꾸준히 발표되고 있는 것은 흥미로운 발전이지만 한편으로는 치료사들에게 책임감과 도전 의식을 가져다준다고 주장하면서, "어떤 기준들에 의해서 이러한 도구들이 평가되어야 하며, 환자들에게 사용하기 위해 어떤 조건을 기준으로 선택해야 하는가?"라는 질문에 다음과 같이 답하고 있다. 그에 따르면, 임상적으로 진단평가 도구가 효과적이기 위해서는 ① 분명히 규명된 목적들이 있어야 하고 ② 자질을 갖춘 치료사에 의해서 시행되어야 하며 ③ 독특한 임상적 이점을 가져다줄 수 있어야 한다. ④ 데이터 수집을 위해 효과적인 방법을 사용해야 하고 ⑤ 신뢰할 수 있는 자료를 제시할 수 있어야 하며 ⑥ 타당도 높은 결과로 유도할 수 있어야 하고 ⑦ 윤리적 기준에 충실해야 한다.

1) 뚜렷한 목표

진단평가를 왜 시행하는가에 대한 뚜렷한 목적(Clarity of objectives)이 있어야 하며, 그 진단평가 과정을 통해 음악치료사로서 얻고자 하는 것이 무엇인지를 분명히 인식해야 한다. 임상적 진단평가 도구는 진단적 목적, 해석적 목적, 기술적 목적, 규정적 목적 등 여러 가지 목표들을 가질 수 있다.

진단적(diagnostic) 목적이란 도구의 본질이 진단적 성격을 가질 때를 의미하며, 그것은 대상자의 병리적 이상을 발병 원인이나 증상, 심각성, 예후 등에 근거하여 찾아내어 규명하고 설명하며 분류하는 목표를 갖는다. 이때 중요한 것은 음악치료사는 병을 진단하고 규명하기 위한 훈련이나 자격을 갖추지 않았다는 것을 인식해야 한다. 우리의 역할은 치료 팀의 일원으로써 진단을 구별하는 것을 지원하는 것이다. 해석적(interpretative) 혹은 설명적 진단 도구는 특정 이론이나, 구조, 지식 등의 관점에서 환자의 문제 행동을 설명하는 것이다. 음악치료사들이 자신의 치료 철학이나 접근법에 근거하여 환자의 행동을 해석할 수 있다. 기술적(descriptive) 목적을 가진 평가 도구는 음악치료사로 하여금 치료 대상자를 그 자신에만 관련된 근거에 의해 이해하게 하려는 것이다. 많은 음악치료사들이, 특히 서비스의 필요성 결정 시 요구되는 진단평가를 작성하지 않는 경우, 이 유형의 도구를 사용한다. 규정적(prescriptive) 목적을 가진 진단평가 도구는 환자의 치료 필요성을 결정하고, 적절한 프로그램에 배치하여 목적 설정을 위한 자료를 제공하며, 가장 효과적인 치료 방법을 규명한다. 음악치료사들이 치료 서비스를 처방하는 자격을 갖추고 있지는 않지만, 음악치료 진단평가는 치료의 필요성을 보여 줄 수 있다.

2) 치료사의 자질

음악치료사들은 단독으로 사정을 하기도 하고, 공동 치료사로서, 또는 치료 팀의 일원으로서 사정을 하기도 한다. 치료사는 자신의 치료 양식(음악)을 임상적 목적에 맞게 잘 사용할 수 있는 중요한 지식과 기술을 가지고 있어야 하며, 특별한 훈련과 경험, 슈퍼비전(supervision) 등을 통해 자질(Therapist qualifications)을 갖추어야 한다. 또한 음악치료사는 효과적인 사정을 수행하기 위해 임상적 전문 기술을 갖추어야 하는데, 진단평가의 특정 부분은 치료사의 이론적 배경과 진단평가의 목표와 관련이 있기 때문에 그것을 이해하고 효과적으로 사용하기 위해서는 충분한 관련 지식과 기술을 갖추고 있어야 한다. 예를 들어, 치료사가 환자의 행동을 심리 역동적 관점에서 해석하려면, 그것에 관한 충분한 지식이 있어야 정확한 측정과 해석이 가능하다. 치료사는 임상적 영역과 개인적 영역 모두에서 경험과 성숙이 요구된다. 임상적 경험은 치료사가 환자가 표현하는 것을 관찰할 수 있게 하고 표현하지 않는 것을 인식할 수 있도록 도와준다. 개인적 인생의 경험은 환자의 감정과 고민, 희망 등을 충분히 알 수 있도록 한다.

3) 독특성

음악은 보편적으로 널리 퍼져 있기 때문에 쉽게 치료사와의 경험에 환자가 동참할 수 있도록 하며, 상징적이고 비언어적인 측면은 환자의 내면세계에 숨겨져 있는 것들에 좀 더 쉽게 접근할 수 있도록 한다. 그러나 음악치료사는 좀 더 구체적으로 음악이(혹은 다른 예술적 매체들이) 어떤 치료적 특징(Uniqueness)을 가지고 대상자들에게 영향을 미치고 작용하는지에 대해 깊이 생각해야 한다. 음악을 통한 주요 경험 주변에 있는 모든 감각 정보의 동화는 환자의 내면 세계와 외부세계를 경험하도록 하는 데 유리하다. 또한 음악은 자기 표현과 의사소통에 있어 언어적 수단과 비언어적 수단과의 사이에 교류를 제공하고 다양한 단계의 자기노출(self-disclosure)을 가능하게 한다. 매 순간마다 소리가 만들어지고, 연합되고, 연결되는 등의 형태를 통해 진행 상태에 있는 환자의 창의적, 치료적 과정을 관찰할 수 있도록 한다. 음악 작업은 환자의 다양한 작업 단계에 대한 자료를 제공할 뿐만 아니라 마지막 결과(products)를 제공함으로써 좀 더 세분화되고 분석적으로 환자에 대한 연구를 가능케 한다.

4) 방법의 적절성

임상적 음악치료 사정은 인터뷰, 객관적 또는 투사적 검사, 자연적 관찰, 구조적 · 비구조적 참여 등의 방법을 통해 이루어질 수 있다. 각각의 방법들은 특정 형태의 데이터를 수집하는 데 적절한 방법들이므로 평가의 목표에 맞춰 선택되고 만들어져야 한다. 또한 환자의 역할(수동적 vs. 능동적), 특정 양식의 사용(악기의 종류), 또는 세션의 구조(개인 vs. 그룹) 등의 적절성(Appropriateness of Method)에도 맞아야 한다.

5) 신뢰도

'신뢰도(Reliability)' 란 어느 정도까지 데이터를 일관되게 재현할 수 있으며, 환자의 반응을 정확하게 나타내고 있는가를 의미한다. 이러한 신뢰도를 성취하기 위해 치료사는 반드시 데이터 수집의 방법을 조직하고 통제할 수 있어야 한다. 신뢰도 검사를 위해 다양한 방법이 사용되는데, 같거나 비슷한 유형의 방법을 환자에게 재사용하여 결과를 비교하기도 하고 검사-재검사 신뢰도(test-retest reliability), 또 한 사람의 치료사와 동시에 제2의 관찰자가 관찰하거나 유사한 환경을 설정하여 다른 치료사가 데이터를 수집하게 하고 그 결과를 비교하기도 한다. 관찰자 간 신뢰도(interrater reliability)는 물론 표준화된 방법이나 사정 도구는 비공식적인 방법보다 더 신뢰도가 높을 수 있다.

6) 타당도

'타당도(Validity)' 란 환자에 대한 통찰을 어느 정도까지 정확하게 제공하느냐를 의미한다. 환자가 음악 안에서 어떻게 반응하는가에 대해 수집된 데이터가 진단적, 해석적, 기술적 또는 규정적 목적을 위해 사용될 수 있는지, 그렇다면 어떤 종류의 데이터가 가장 환자가 당면한 문제와 관계가 있는지를 고려하여야 한다. 임상적 진단평가를 위한 도구로 음악이 사용될 때 고려해야 할 기본 가정들이 있다. 우선, 음악은 그것의 호소력에서뿐만 아니라 접근성에 있어서도 보편적이라는 점이다. 그러므로 모든 인간들은 그들의 능력이나 제한점에 관계없이 모두 음악을 감상하고 창조적 작업을 할 수 있는 능력을 가지고 있다.

두 번째, 음악은 인간의 모든 면을 포함한다. 즉, 이것은 기능의 감각 운동, 인지 지각, 정서, 사회, 영적인 면들을 포함하고 있으며, 자기 자신 안에서의 경험과 상호 관계적, 문화적, 자연 환경적 교류를 경험하게 한다. 또한 의식의 다양한 수준에서의 경험과 과거, 현재, 미래의 경험을 포함한다.

이러한 타당도를 측정하고 검사하기 위해 사용되는 방법은 주로 세 가지로 요약된다. 치료사가 음악 양식 안에서 치료사의 반응을 정확하게 표집할 때 그 도구는 내용 타당도(content validity)를 갖는다. 특히 도구가 기술적이거나 규정적 목적을 가질 때 이 내용 타당도는 매우 중요하며 임상적 증거들에 의해 가장 잘 지지된다. 수집된 환자의 행동이 이론, 병리학, 치료 등과 논리적 관계를 갖고 있는 것으로 보일 때, 이 관계가 철학적 또는 경험적 연구들에 의해 지지될 때 그 도구는 구성 타당도(construct validity)를 갖는다. 진단평가의 목적이 해석적일 경우 특히 이 타당도는 중요하다. 마지막으로, 도구의 정확도가 통제된 연구에 의해 검증되고 실제적 결과가 특정 환자군에 대한 연구 결과들에 의해서 해석될 수 있을 때 그 도구는 경험 타당도(empirical validity)를 갖는다. 이 유형의 타당도는 도구가 환자를 정확하게 묘사하고 예언하는 것을 반영하기 때문에 사정의 목적이 진단적일 경우 매우 필수적이다.

7) 윤리

다양한 윤리(Ethics)적 문제들이 사정 과정에서 제기될 수 있다. 치료사는 현실적이지 않고 음악의 능력을 넘어서는 사정의 결과를 주장하거나 혹은 불충분한 이론적, 임상적, 연구적 증거가 지원하지 못하는 사정의 목표들을 주장해서는 안 된다. 또한 진단평가 도구를 잘 선택하고 적용하기 위해서 치료사는 충분한 교육과 경험을 갖추어야 한다. 평가의 과정 동안에 환자의 권리는 존중되어야 하며, 가능한 한 환자에게 진행 과정에 대해 설명하고 사정의 잠재적 유익함과 위험성을 인지시켜야 한다. 또한 신뢰할 수 있고 타당도가 있는 도구를 사용해야 하고, 모든 임상적 진단평가는 그것이 제공하는 환자에 대한 정보에 국한해야 한다. 방법이 뛰어나고 치료사의 기술이 탁월해도 환자의 모든 면을 이해하고 모든 병리적 상태를 설명한다는 것은 불가능하다.

환자에 대한 진단평가를 통해 치료사가 환자를 완전히 구출해 내겠다는 환상이나 자신의 명예와 지위에 대한 필요를 충족시키는 내용을 제공해서는 안 된다. 왜냐하면 진단평가의 목적은 항상 환자를 도우려는 것에 있으므로 그 결과가 환자를 낮게 평가하거나 처벌하기 위해 사용되거나, 혹은 그 결과가 필요한 치료를 중단하게 하거나 방해하게 되는 것은 이러한 윤리적 규율을 어기는 것이 된다.

2. Isenberg-Grzeda의 선택기준

Isenberg-Grzeda(1988)에 따르면 진단평가는 치료사가 결정하는 과정이며, 치료사와 음악과의 관계는 절대적으로 어떤 음악이 사용될지를 결정하는 요인이다. 치료사의 철학적 입장, 세계관, 그에 따르는 이론적 틀은 무엇을 사정할 것인지를 결정하게 된다. 치료사의 환자에 대한 이해와 인식은 누구를 사정할 것인가를 결정하게 되며, 치료사가 근무하는 기관 내에서의 치료사 역할과 기관의 관례, 다른 전문가들과의 근무형태 및 교류 등에 대한 요소들은 대상자를 위해 적용하는 사정 도구의 형식과 구조를 결정하는 큰 요인으로 작용하기도 한다.

1) 음악과의 관계

우리가 일생 동안 맺어 온 음악과의 관계(Relationship with Music)는 우리가 사람으로서 누구인지, 더 중요하게 음악치료사로서 누구인지 알려 주는 정체성을 형성하게 한다. 각 사람들은 음악에 대해 다른 관점을 갖고 있으며, 음악치료에서 다른 접근법을 사용하고, 따라서 대상자를 사정하는 방법도 다를 수 있다.

2) 이론적 배경

과거 수년간 어떤 음악치료사들은 음악치료가 특정 이론적 근본에 맞아 떨어질 수도 없고 그렇게 강요해서도 안 되며 자체의 이론(Theoretical Orientation)을 가져야 한다고 주장한 반면, 한편에서는 치료사가 그들의 신념에 맞는 이론을 이해하는 것이 중요하며 그렇게 함으로써 전문적 영역에서 더 잘 임상을 수행할 수 있다고 믿어왔다. 그러나 이 두 가지 관점 모두 사정 도구 선택에 영향을 미치기 때문에 음악치료에서 음악이 차지하는 역할에 대해 자신의 신념을 인식하고 그에 맞는 도구를 선택하고 개발하는 것이 중요하다. 치료사의 신념은 치료 과정에도 영향을 미치기 때문이다.

3) 대상자

사정 도구를 선택하는 과정의 일환으로, 치료사는 대상자(Population)의 장애와 질병, 병리적 이상을 이해해야 한다. 어떤 대상자군은 치료사가 진단평가의 초점을 바꾸도록 할 수도 있으며, 대상자에 따라 우선적으로 고려해야 하는 기능의 영역들도 다르다. 또한 대상자의 나이나 능력의 범위 등도 치료사가 고려해야 할 점들이다.

4) 음악치료 시행 기관

선택하거나 개발하는 진단평가 도구는 치료사의 직장과 그 안에서 치료사의 역할 등에 영향을 받는다. 어떤 기관(Institute)들은 사정에 대한 특정 지침을 갖고 있어서 치료사가 그것을 따라야 하는 경우도 있다. 또 기관이 특정 이론적 배경을 갖고 있을 때 치료사는 그 이론적 틀 안에서 환자를 사정해야 한다. 이러한 직장 관련 상황은 도구의 선택에 영향을 미친다.

이러한 요소들을 고려하여 음악치료사는 진단평가를 중요하게 생각해야 하는데, 이는 단순히 치료과정 내에서의 중추적인 역할 때문만이 아니라 음악치료의 전문성을 고양시키는 잠재적 힘을 갖고 있기 때문이다. 그러므로 음악치료 진단평가 도구는 반드시 치료사의 특별한 음악적 기술이나 음악치료적 기술을 요구하도록 고안되어야 한다. 다른 전문가들에 의해 만들어진 도구를 사용하는 것은 음악치료 전문성을 규명하는 데 장애가 된다. 또한 음악치료 진단평가 도구는 다른 치료 양식들이 쉽게 접근할 수 없는 기능의 영역들을 치료사가 음악을 사용해 다룰 수 있도록 고안되어야 한다. 그래야 음악치료사는 환자의 새로운 정보를 수집하여 공헌할 수 있기 때문이다. 이때 환자들의 음악적 반응으로 수집된 정보들은 반드시 기능의 비음악적 영역에 일반화될 수 있어야 한다. 그리고 음악치료 진단평가는 이미 관련 전문영역에서 사정되었던 영역들을 음악치료사가 사정할 수 있도록 고안되어야 한다. 이것은 특히 음악치료 진단 평가가 기존의 다른 도구들에 비해 실행성이나 음악의 비언어적 측면, 또는 감각적 양식의 사용 측면에서 이점을 갖고 있을 때 더욱 중요해진다. 그리고 마지막으로 음악치료 진단평가는 기존의 측정 도구로는 사정하지 못하는 'nontestable' 환자를 사정할 수 있도록 음악의 동기 유발적, 만족적, 비인지적, 우반구적 측면을 이용할 수 있도록 고안되어야 한다.

3. Cole의 선택기준

Cole(2002)에 의하면 비록 음악치료 진단평가 도구들이 꾸준히 고안되고 개발되고 있기는 하지만, 경우에 따라 평가 도구들은 각 치료사나 상황에 따라 적절하게 사용되지 못할 수도 있다. 어떤 평가 도구들은 너무 일반적이어서 대상자의 특별한 필요를 알려 주지 못할 수도 있고, 다른 평가 도구들은 치료사의 이론적 배경이나 근무 기관의 규정에 맞지 않을 수도 있다. 따라서 많은 음악치료사들은 그들의 특정 대상자 군을 보다 잘 사정하기 위해 음악치료 내외의 영역에서 사용되고 있는 기존의 여러 도구들을 혼합하여 사용하기도 한다.

진단평가 도구를 선택할 때, 치료사는 환자의 능력을 무엇과 비교할 것인가를 결정해야 한다. 많은 음악치료사들은 대상자의 능력을 '정상 발달 수준' 에 비교하기도 하고, 다른 사람들은 '정상 음악적 능력 수준' 에 비교하기도 한다. 어떠한 경우건 치료사는 치료사 자신뿐 아니라 그 대상자와 그들의 가족, 치료에 참여하는 다른 사람들에게 '정상(normal)' 의 의미가 무엇인지를 이해시키는 것이 필요하다. 최근에는 많은 치료사들이 '전형적(typical)' 이라는 말로 '정상' 상태를 묘사하고 있다.

도구를 살필 때, ① 도구의 구조와 형태에 관해 어떻게 자료가 수집되고 기록되는지 ② 도구 시행의 과정과 절차는 어떻게 적용되는지 ③ 평가의 영역, 하위 영역, 다른 영역들에서 무엇이 평가되는지 등을 살펴야 한다. 유용한 평가 도구를 발견했거나 자신이 적용할 수 있는 진단평가 방법의 아이디어를 책이나 논문 등에서 발견할 수도 있는데, 이때는 기록된 도구들을 복사하거나 기록하여 위에서 언급한 여러 요소들에 비추어 꼼꼼히 살펴볼 필요가 있다. 이때 각 도구들에 대해 어떤 점이 맘에 들고 어떤 점이 그렇지 않은지, 어떤 점이 편리하고 불편한지, 어떤 면에서 유용하고 어떤 점이 보완되어야 하는지를 자신의 생각대로 기록하고 적용해 보는 과정이 필수적 요소가 된다.

참고문헌

국립국어원 (2006). **표준국어대사전** Retrieved December 10, 2006, from http://www.korean.go.kr/06_new/index.jsp.

Adler, R. (2001). *Musical assessment of gerontologic needs and treatment: The Magnet Survey.* Saint Louis, MO: MMB Music Inc.

Aldridge, G. (2000). Improvisation as an assessment of potential in early Alzheimer's Disease. In D. Aldridge (Ed.), *Music Therapy in Dementia Care.* New York, NY: Jessica Kingsley Publishers Ltd.

American Music Therapy Association (2004). AMTA standards of clinical practice. In A. K. Elkins (Ed.), *AMTA Member Sourcebook.* Silver Spring, MD: American Music Therapy Association.

American Music Therapy Association (2006). AMTA standards of clinical practice. In A. K. Elkins (Ed.), *AMTA Member Sourcebook.* Silver Spring, MD: American Music Therapy Association.

American Psychiatric Association (1994). **정신장애의 진단 및 통계 편람-제4판** (이근후 외 역), 서울: 하나의학사.

Bean, K. L., & Moore, J. R. (1964). Music therapy from auditory inkblots. Journal of *Music Therapy, 1,* 143-147.

Bedell, J. R., Hunter, R. H., & Corrigan, P. W. (1997). Current approaches to assessment and treatment of persons with serious mental illness.

Professional Psychology: Research and Practice, 28(3), 217-228.

Boxill, E. H. (1985). *Music Therapy for the Developmentally Disabled.* Austin, TX: PRO-ED, Inc.

Braswell, C., Brooks, D. M., Decuir, A., Humphrey, T., Jacobs, K. W., & Sutton, K. (1986). Development and implementation of a music/activity therapy intake assessment for psychiatric patients. Part II: Standardization procedures on data from psychiatric patients. *Journal of Music Therapy, 23*(3), 126-141.

Bronfenbrenner, U. (1975). *Influences on Human Development.* Austin, TX: Holt, Rinehart, & Winston.

Bronfenbrenner, U. (1979). *The Ecology of Human Development: Experiments by Nature and Design.* Cambridge, MA: Harvard University Press.

Brunk, B. K., & Coleman, K. A. (2000). Development of special music therapy assessment process. *Music Therapy Perspectives, 18*(1), 59-68.

Bruscia, K. E. (1987). *Improvisational Models of Music Therapy.* Springfield, IL: Charles C. Thomas.

Bruscia, K. E. (1988). Standards for clinical assessment in the arts therapies. *The Arts in Psychotherapy, 15,* 5-10.

Bruscia, K. E. (1998a). *Defining Music Therapy (2nd ed.).* Gilsum, NH: Barcelona Publishers.

Bruscia, K. E. (1998b). An introduction to music psychotherapy. In K. E. Bruscia (Ed.), *The Dynamics of Music Psychotherapy* (pp. 1-15). Gilsum. NH: Barcelona Publishers.

Bruscia, K. E. (2002). Client assessment in the Bonny Method of Guided Imagery and Music. In K. E. Bruscia & D. E. Grocke (Eds.), *Guided Imagery and Music: The Bonny Method and Beyond* (pp.

273-295). Gilsum, NH: Barcelona Publishers.

Cassity, M. D., & Cassity, J. E. (1994). Psychiatric music therapy assessment and treatment in clinical training facilities with adults, adolescents, and children. *Journal of Music Therapy, 31*(1), 2-30.

Cassity, M. D., & Cassity, J. E. (1998). *Multimodal Psychiatric Music Therapy for Adults, Adolescents, and Children: A Clinical Manual.* Saint Louis, MO: MMB Music, Inc.

Cassity, M. D., & Cassity, J. E. (2006). *Multimodal Psychiatric Music Therapy for Adults, Adolescents, and Children: A Clinical Manual* (3rd ed.). Philadelphia, PA: Jessica Kingsley Publishers.

Cattell, R. B., & Anderson, J. C. (1953). The measurement of personality and behavior disorders by the IPAT music preference test. *Journal of Applied Psychology, 37,* 446-454.

Cattell, R. B., & McMichael, R. E. (1960). Clinical diagnosis by the IPAT music preference test. *Journal of Consulting Psychology, 24,* 333-341.

Cattell, R. B., & Saunders, D. (1954). Musical preferences and personality diagnosis: A factorization of one hundred and twenty themes. *Journal of Social Psychology, 39,* 3-24.

Cohen, G., & Gericke, O. L. (1972). Music therapy assessment: Prime requisite for determining patient objectives. *Journal of Music Therapy, 9*(winter), 161-189.

Cohen, J. (1985). Rhythm and tempo in mania. *Music Therapy, 6,* 13-29.

Cole, K. M. (2001). *Music Therapy Assessment for Children with Developmental Disabilities: A Survey Study.* Unpublished master thesis, Michigan State University, Ann Arbor.

Cole, K. M. (2002). *The Music Therapy Assessment Handbook.* Columbus, MS: SouthernPen Publishing.

Coleman, K. A., & Brunk, B. K. (1999). *Special education music therapy assessment process handbook*. Grapevine, TX: Prelude Music Therapy.

Coleman, K. A., & Brunk, B. K. (2003). SEMTAP: *Special Education Music Therapy Assessment Process Handbook* (2nd ed.). Grapevine, TX: Prelude Music Therapy.

Davis, W. B., Gfeller, K. E., & Thaut, M. H. (1992). *An Introduction to Music Therapy: Theory and Practice*. Dubuque, IA: Wm. C. Brown Publishers.

Davis, W. B., Gfeller, K. E., & Thaut, M. H. (1999). *An Introduction to Music Therapy: Theory and Practice* (2nd ed.). Dubuque, IA: McGraw-Hill College.

Douglass, E. T. (2006). The development of a music therapy assessment tool for hospitalized children. *Music Therapy Perspectives, 24*(2), 73-79.

Edelbrock, C., & Costello, A. J. (1988). Structured psychiatric interviews for children. In M. Rutter, A. H. Tuma, & I. S. Lann (Ed.), *Assessment and Diagnosis in Child Psychopathology* (pp. 87-112). New York: The Guilford Press.

Edelbrock, C. S., Costello, A. J., Dulcan, M. K., Kalas, R., & Conover, N. C. (1985). Age differences in the reliability of the psychiatric interview of the child. *Child Development, 56*, 265-275.

Evans, I. M., & Nelson, R. O. (1986). Assessment of children. In A. R. Ciminero, K. S. Calhoun, & H. E. Adams (Eds.), *Handbook of Behavioral Assessment* (2nd ed., pp. 601-630). New York: John Wiley & Sons, Inc.

Grant, R. E. (1995). Music therapy assessment for developmentally disabled clients. In T. Wigram, B. Saperston, & R. West (Eds.), *The*

Art & Science of Music Therapy: A Handbook. Amsterdam: Harwood Academic Publishers.

Gregory, D. (2000). Test instruments used by Journal of Music Therapy authors from 1984-1997. *Journal of Music Therapy, 27*(2), 79-94.

Griggs-Drane, E. R., & Wheeler, J. J. (1997). The use of functional assessment procedures and individualized schedules in the treatment of autism: Recommendation for music therapists. *Music Therapy Perspectives, 15*, 87-93.

Groen, K. M. (2007). Pain assessment and management in end of life care: A survey of assessment and treatment practices of hospice music therapy and nursing professionals. *Journal of Music Therapy, 44*(2), 90-112.

Hanser, S. B. (1987). *Music Therapist's Handbook*. St. Louis, MO: Warren Green.

Hanser, S. B. (1999). *The New Music Therapist's Handbook* (2nd ed.). Boston, MA: Berklee Press.

Hintz, M. R. (2000). Geriatric music therapy clinical assessment: Assessment of music skills. *Music Therapy Perspectives, 18*(1), 31-40.

Hodges, K. (1993). Structured interviews for assessing children. *Journal of Child Psychology & Psychiatry & Allied Disciplines, 34*, 49-68.

Isenberg-Grzeda, C. (1988). Music therapy assessment: A reflection of professional identity. *Journal of Music Therapy, 25*(3), 156-169.

Isenberg-Grzeda, C., Goldberg, F. S., & Dvorkin, J. M. (2004). Psychodynamic approach to music therapy. In A. A. Darrow (Ed.), *Introduction to Approaches in Music Therapy*. Silver Spring, MD: The American Music Therapy Association, Inc.

Johnson, J. M. (1968). Evaluating patients in music therapy. *Journal of*

Music Therapy, 5, 108-110.

Kim, K. S. (2005). *Development and validation study of music therapy assessment for Pervasive Developmental Disorder.* Published doctoral dissertation. ProQuest/UMI.

Lathom-Radocy, W. B. (2002). *Pediatric Music Therapy.* Springfield, IL: Charles C Thomas-Publisher, LTD.

Libertore, A. M., & Layman, D. L. (1999). *The Cleveland music therapy assessment of infants and toddlers: A practical guide to assessment and developing intervention strategies.* Cleveland, OH: The Cleveland Music School Settlement.

Lipe, A. W. (1995a). The use of music performance tasks in the assessment of cognitive functioning among older adults with dementia. *Journal of Music Therapy, 32*(3), 137-151.

Lipe, A. W. (1995b). *Music-Based Evaluation of Cognitive Functioning.* Unpublished manuscript.

Lipe, A. W. (1995c). *Music-Based Evaluation of Cognitive Functioning II.* Unpublished manuscript.

Loewy, J. (2000). Music psychotherapy assessment. Music *Therapy Perspectives, 18*(1), 47-58.

Lord, W. (1971). Communication of activity therapy rationale. *Journal of Music Therapy, 8,* 68-71.

Marans, W. D. (1997). Communication Assessment. In F. Volkmar, & Cohen, D.(Ed.), *Developmentally Based Assessments* (2nd ed.). New York: John Wiley & Sons, Inc.

Michel, D. E., & Pinson, J. (2004). *Music Therapy in Principle and Practice.* Springfield, IL: Charles C Thomas Publisher, Ltd.

Migliore, M. J. (1985). *The hamilton rating scale for depression and rhymic competency: A correlational study.* Unpublished master's thesis, Western Michigan University, Kalamazoo.

Pacer Center. (1994, Dec. 30, 2004). *What is a functional assessment?* Retrieved Jan. 4, 2005, from http://www.pacer.org/parent/function.htm.

Peters, J. S. (2000). *Music Therapy: An Introduction* (2nd ed.). Springfield, IL: Charles C Thomas Publisher, Ltd.

Power, T. J., Dupaul, G. J., Shapiro, E. S., & Kazak, A. E. (2003). *Promoting Children's Health: Integrating School, Family, and Community.* New York, NY: Guilford Publication.

Rider, M. S. (1981). The assessment of cognitive functioning level through musical perception. *Journal of Music Therapy, 18*(3), 110-119.

Robbins, A. (1985). Working towards the establishment of creative arts therapies as an independent profession. *The Arts in Psychotherapy, 12*, 67-70.

Sattler, J. M. (2002a). *Assessment of Children: Behavioral and Clinical Applications (4th ed.).* San Diego: Jerome M. Sattler, Publisher, Inc.

Sattler, J. M. (2002b). *Assessment of Children: Cognitive Applications* (4th ed.). San Diego: Jerome M. Sattler, Publisher, Inc.

Standley, J., Johnson, C. M., Robb, S. L., Brownell, M. D., & Kim, S. H. (2004). Behavioral approach to music therapy. In A. A. Darrow (Ed.), *Introduction to Approaches in Music Therapy* (pp. 103-123). Silver Spring, MD: The American Music Therapy Association, Inc.

Stein, J. (1977). Tempo errors and mania. *American Journal of Psychiatry, 134*(4), 454-456.

Steinberg, R., Raith, L., Rossinagl, G., & Eben, E. (1985). Music psychopathology: Musical expression and psychiatric disease. *Psychopathology, 18*, 274-285.

Taylor, D. B. (1997). *Biomedical Foundations of Music as Therapy.* Saint

Louis, MO: MMB Music, Inc.

Volkmar, F. R., & Cohen, D. J. (1994). Autism: Current concepts. *Child and Adolescent Psychiatric Clinics of North America, 3*(1), 43-52.

Volkmar, F. R., & Marans, W. D. (1999). Measures for assessing pervasive developmental and communication disorders. In D. Shaffer, C. P. Lucas & J. E. Richters (Eds.), *Diagnostic Assessment in Child and Adolescent Psychopathology.* New York, NY: Guilford Publication.

Volkmar, F. R., Klin, A., & Cohen, D. J. (1997). Diagnosis and classification of Autism and related conditions: Consensus and Issues. In D. J. Cohen, & Volkmar, Fred R. (Ed.), *Handbook of Autism and Pervasive Developmental Disorders* (2nd ed., pp. 5-40). New York: John Wiley & Sons, Inc.

Volkmar, F. R., Klin, A., Marans, W. D., & McDougle, C. J. (1996). Autistic Disorder. In F. R. Volkmar (Ed.), *Psychoses and Pervasive Developmental Disorders in Childhood and Adolescence* (pp. 129-190). Washington, DC: American Psychiatric Press, Inc.

Waldon, E. G., & Wolfe, D. E. (2006). Predictive utility of the Computer-based music perception assessment for children (CMPAC). *Journal of Music Therapy, 43*(4), 356-371.

Wasserman, N., Plutchik, R., Deutsch, R., & Taketomo, Y. (1973). A music therapy evaluation scale and its clinical application to mentally retarded adult patients. *Journal of Music Therapy, 10,* 64-77.

Wells, N. F. (1988). An individual music therapy assessment procedure for emotionally disturbed young adolescents. *The Arts in Psychotherapy, 15,* 47-54.

Wheeler, B., Shultis, C., & Polen, D. (2005). *Clinical Training Guide for the Student Music Therapist.* Gilsum, NH: Barcelona Publishers.

Wigram, T. (1995). A model of assessment and differential diagnosis of handicap in children through the medium of music therapy. In T. Wigram, B. Saperston, & R. West (Eds.), *The Art & Science of Music Therapy: A Handbook*. Amsterdam, Netherlands: Harwood Academic Publishers.

Wigram, T. (2000). A method of music therapy assessment of the diagnosis of autism and communication disorders in children. *Music Therapy Perspectives, 18*(1), 13-22.

Wigram, T., Pedersen, I. N., & Bonde, L. O. (2002). *A Comprehensive Guide to Music Therapy: Theory, Clinical Practice, Research and Training*. Philadelphia, PA: Jessica Kingsley Publishers Ltd.

Wilson, B. (1996) Assessment of adult psychiatric clients: The role of Music Therapy. In R. F. Unkefer (Ed.), *Music Therapy in the Treamtne of Adults with Mental Disorders: Theoretical Bases and Clinical Interventions*. New York, NY: Schirmer Books.

Whitchurch, G. G., & Constantine, L. L. (1993). Systems theory. In P. G. Boss, W. J. Doherty, R. LaRossa, W. R. Schumm, & S.K. Steinmetz (Eds.), *Sourcebook of family theories and methods: A contextual approach* (pp. 325-352). New York: Plenum Press.

찾아보기

인명

내용

저자 소개

▣ 김경숙

서울대학교 음악대학 졸업(학사: 성악 전공)
경희대학교 음악대학원 졸업(석사: 성악 전공)
숙명여자대학교 음악치료대학원 졸업(석사: 음악치료 전공)
미국 미네소타 대학교 졸업(박사: 음악치료 전공)
전 숙명여자대학교 음악치료대학원 강사
숙명여자대학교 음악치료센터 음악치료사
이화여자대학교 교육대학원 음악치료교육학과 강사
현 성신여자대학교 대학원 음악치료학과 교수
(사) 한국음악치료학회 부회장
전국음악치료사협회 회장

저서: 발달장애 아동을 위한 음악치료 진단평가(도서출판 세화, 2008)
Development and Validation Study of Music Therapy Assessment for Pervasive Developmental Disorder(ProQuest/UMI, 2006)

연구: 교육부 특성화 사업
임산부의 건강한 임신기간과 출산을 위한 음악치료 프로그램 개발(2005)
초등학교 고학년 학생들의 방과 후 활동을 위한 음악치료 프로그램 개발(2006)
고령자 치매 예방을 위한 음악치료 프로그램 개발(2006)

음악치료에서의 진단평가

2008년 5월 13일 1판 1쇄 발행
2021년 8월 20일 1판 7쇄 발행

지은이 • 김 경 숙

펴낸이 • 김 진 환

펴낸곳 • (주) 학지사

04031 서울특별시 마포구 양화로 15길 20 마인드월드빌딩 5층

대표전화 • 02) 330-5114 팩스 • 02) 324-2345

등록번호 • 제313-2006-000265호

홈페이지 • http://www.hakjisa.co.kr
페이스북 • https://www.facebook.com/hakjisabook

ISBN 978-89-5891-686-4 93180

정가 10,000원

저자와의 협약으로 인지는 생략합니다.
파본은 구입처에서 교환하여 드립니다.